LA BARONNE
RENTRE À CINQ HEURES

Crédits photographiques

Studio G.L.-Manuel Frères, /Y. Barzilay / M. Zalewski / A. Franck / Studio Mandanis / Photo-Inter S.A. /

NADINE DE ROTHSCHILD

LA BARONNE RENTRE À CINQ HEURES

en collaboration avec
Guillemette de Sairigné

JClattès

A mon fils Benjamin

Le peu que je sais, c'est à mon ignorance que je le dois.

Sacha Guitry

MA robe de mariée, je l'ai retrouvée, il n'y a pas longtemps dans un carton. En piqué blanc, ornée de festons roses autour du cou.

Le jour de mon mariage, il n'y eut pas de poignées de main, pas de cocktail mondain. Seulement les plus intimes de nos amis et Annecy, la gouvernante de mon mari. Il n'y eut pas de musique, pas de tapis rouge. Ma robe de mariée était une robe de chambre, nous nous sommes mariés au lit. Le plus légalement du monde ! Avec M. le Maire du XVIe arrondissement, barré de son écharpe, la lecture du Code civil par son adjoint, les bons vœux et l'incitation à faire des enfants. Mon sens civique m'avait poussée à prendre quelque avance : j'attendais un enfant depuis sept mois et demi déjà. Sept mois et demi sans quitter mon lit, sans mettre le pied à terre : dans ma chambre, une serre débordant de fruits exotiques et des plus belles fleurs, s'épanouissait lentement une graine plus précieuse et plus fragile que toutes les autres. J'étais sage, très sage, je voulais cet enfant.

Pour la cérémonie, on avait placé un fauteuil tout à côté du lit : je m'y assis le temps de l'échange des consentements. J'avais l'air d'une petite poupée, avec mes cheveux relevés et mes taches de rousseur qu'un long hiver sans soleil n'avait pas réussi à faner. La tête me tournait. Mon mari tout neuf me souriait sous sa moustache. Dehors, avertis on ne sait comment, des grappes de reporters s'accrochaient aux balcons de l'immeuble d'en face tels des singes aux cocotiers. Un sujet en or, un vrai conte de fées : la starlette épousait le milliardaire.

C'est ainsi qu'un jour de juin 1963, moi, Nadine Lhopitalier, à la scène Nadine Tallier, je suis devenue la baronne Edmond de Rothschild.

Je suis née le 18 avril 1932 sous le signe du Bélier, comme toutes les femmes de ma famille, ma grand-mère, ma mère, ma sœur. Et les béliers sont construits pour foncer. Je suis née sur les Champs-Élysées, paradis des Dieux, voie royale menant fatalement au succès. Un handicap pourtant, les Champs-Élysées, sur lesquels donnait la maison de ma grand-mère, n'étaient qu'un jardin public blotti au cœur de Saint-Quentin dans l'Aisne.

Une maison étroite à deux étages avec, au rez-de-chaussée, la grande pièce où tout le monde se tenait. Ma mère, ouvrière dans le coton, a commencé à travailler très jeune, vers quatorze ou quinze ans. Ma grand-mère que nous adorions tous — le personnage central de la famille — était une belle femme un peu ronde, aux cheveux gris tirés en chignon, une peau fraîche sans trace de maquillage, des pommettes saillantes, des yeux fendus qu'elle m'a laissés en héritage ainsi que son optimisme inné et la petite boîte en argent où elle gardait son tabac à priser. Sa famille venait du Nord, de Belgique et de Hollande, et elle avait des allures de Flamande avec ses caracos et ses grandes jupes noires rayées. Elle s'est mariée trois fois ; aussi celui que j'appelais « grand-père », boulanger de son état, n'était pas tout à fait le mien. Peu importe : lui aussi, je l'aimais.

J'avais plus de mal à accepter le mari de ma mère, un militaire de belle prestance qu'elle avait épousé lorsque j'avais dix-huit mois. Mon père, je n'ai jamais su qui il était : un homme pas d'ici, pas de ce plat pays parsemé de terrils, un homme mort trop tôt dont on ne parlait jamais, un homme sans nom, un père pour rêver. J'étais une enfant de l'amour et cela me plaisait.

Jusqu'à l'âge de trois ans, j'ai vécu chez mes grands-parents, ma mère venait me voir souvent. Plus tard, je ne retrouvais Saint-Quentin que durant les vacances : de belles vacances où, entre la rue Bayeul et le boulevard Roosevelt, nous jouions à la marelle sous un ciel gris avant de rentrer nous chauffer près du gros poêle Godin de la cuisine. C'était un monde de tendresse et d'amour.

Au rez-de-chaussée de la maison voisine, une dame créait des robes féeriques et je restais des heures bouche bée devant sa vitrine. Pour moi, cette couturière de quartier représentait le comble de l'élégance. Malgré mes socquettes, mes cheveux courts châtain-roux, mon nez retroussé et mon air de chat écorché, je me voyais en robe du soir. Déjà attirée par le luxe et la beauté.

Nous avions aussi pour voisins un couple dont on parlait comme d'êtres étranges parce qu'Il avait vingt ans de moins qu'Elle. Elle surtout choquait pour avoir transgressé les tabous. Je ne comprenais pas qu'on pût, pour une raison si dérisoire, tenir des gens à l'écart. Déjà joyeusement contre les convenances.

Au premier étage de notre maison habitait une vieille tante, un vrai dragon. Je me souviens d'elle sur son lit de mort : dans l'attente du prêtre qui devait lui administrer l'extrême-onction, on avait préparé des petits bouts de coton. Les voyant traîner, j'ai tout jeté au panier : dans une chambre cela ne faisait pas net. Déjà obsédée par l'ordre, déjà maniaque de la propreté.

A Puteaux où je vivais le reste de l'année entre ma mère, mon beau-père et Nadeige, de six ans ma cadette, ranger était plus difficile. Je n'avais pas de chambre à moi, ni même un coin qui me fût réservé. De toute façon, je n'avais pas grand-chose à me mettre, juste deux ou trois robes parfois retaillées dans celles de ma mère. Nous habitions un deux-pièces obscur et nous allions prendre l'eau au fond de la cour, où se trouvait l'unique robinet. Les repas étaient frugaux, la viande rare et le dîner souvent composé d'un café au lait et d'une tartine. L'argent manquait, mais ce n'était pas une raison pour ne pas surveiller son langage, mettre les coudes sur la table ou se défiler pour la vaisselle :

mes parents tenaient à avoir des filles bien élevées.

Ma mère, ma première admiration. Au physique, l'exemple même de ce que j'aurais voulu être, jolie femme aux jambes magnifiques, très coquette et, même dans les robes les plus simples, d'une élégance naturelle ; les hommes se retournaient sur son passage. Au moral, un solide courage, le refus des compromissions et une saine discipline : quand on fait une chose, autant la faire bien. J'ai toujours pensé que c'était à ma mère que je devais ces biens précieux entre tous : le bon sens et l'équilibre. Mon fabuleux mariage qui défrayait la chroniquc nc lui fit jamais tourner la tête. Une seule chose comptait, compte encore pour elle, bien plus que l'argent : étais-je heureuse ou non ?

Nous n'étions pas riches. Mais la pauvreté ne se voit pas dans un quartier où tout le monde est logé à la même enseigne. Quartier très cosmopolite où après 1938 dominaient les Polonais. Mélange extraordinaire de vies, d'accents, d'odeurs car les logements étaient minuscules, on savait toujours ce qui mitonnait chez le voisin.

Nous connaissions tout le monde et tout le monde nous connaissait. Il y avait Ali, le Noir du premier étage. Tous les vendredis, il accrochait ses quelques meubles à une grosse corde et les descendait dans la cour pour les laver : sans doute accomplissait-il ainsi ses rites de purification. Il y avait un autre locataire très gentil, un Iranien, qui, lorsque j'eus onze ans, m'offrit mon premier livre, un recueil de poèmes d'Omar Khayam : je n'y comprenais rien mais je retournais souvent ce trésor entre mes mains.

Je garde, aujourd'hui encore, une affection particulière pour le couple de Polonais, M. et Mme Isratel qui habitaient au rez-de-chaussée pas loin de chez nous. Elle — je l'appelais la « tailleuse » — coupait des étoffes. Lui, courbé sur sa machine, piquait à longueur de journée. Au retour de l'école, je m'arrêtais devant chez eux. L'été, le mari, assis contre la fenêtre grande ouverte, relevait la tête et me saluait d'un sonore : « Bonjour, Nadine » que je comprenais mal car son accent était prononcé. Un soir d'hiver, pour mieux les apercevoir, je collai mon nez à la vitre. Ils m'invitèrent à entrer, et à partager leur grand gâteau aux pommes arrosé de miel. Je devins vite une habituée. Ils me gardaient des bouts d'étoffe, m'apprenaient à en faire des robes pour mes poupées. Je retrouvais chez eux la chaleur, la bienveillance dont m'entouraient mes grands-parents à Saint-Quentin.

Et puis, ce fut la déclaration de guerre, mon beau-père rejoignit son régiment, les bottes allemandes résonnèrent sur les pavés. Un matin, je découvris la porte de mes amis, barrée par deux grandes planches de bois. Sur le volet, une pancarte : « JUDEN ».

Je restai longtemps à contempler cette mise en scène, cette porte condamnée, mes amis évanouis. Deux ans plus tard, à Paris, j'allais connaître de nouveau cette angoisse. C'était le jour de Noël, une paire de patins à roulettes m'attendait devant la cheminée, jamais je n'avais été aussi gâtée. Je tournais comme une toupie autour du pâté de maisons, grisée, des ailes aux pieds. Soudain, je m'arrêtai net : un attroupement devant la porte de l'immeuble de ma tante. Je vis sortir, encadrés par la Gestapo, mes deux oncles Charles et Armand, mon parrain, menottes aux mains, le visage en sang. Mon oncle avait fait son service dans la marine en tant que radio et passé pour la Résistance des messages codés que les Allemands avaient sans doute interceptés ; son beau-frère, vingt ans à peine, avait voulu l'aider. Le premier est mort à Buchenwald, dans les chambres à gaz ; le second, sur qui on avait fait des expériences médicales, est revenu dans un état effroyable.

Sur mes patins à roulettes, je suis partie à belles jambes : je ne comprenais décidément rien à la folie des adultes.

A Puteaux, là où vivait la tailleuse, il y a maintenant un café. Je le sais, j'y suis retournée. Peu de chose a changé : toujours les petites rues aux pavés disjoints, les maisons basses aux façades lépreuses ; au 6 de la rue Agathe, « ma » maison, et toujours le linge aux fenêtres. Dans le boyau qui mène à la cour, la peinture est un peu plus écaillée, les boîtes à lettres un peu plus déglinguées. Des hommes seuls y vivent, des travailleurs immigrés.

Une petite fille aux cheveux filasse a traversé la rue en faisant claquer ses sandales. Fantôme de l'enfant que je fus ? Non, je refuse de m'identifier à cette image de tristesse et de pauvreté. Puteaux reste dans mon souvenir le paradis des enfants. Ils fourmillaient dans les cours, les couloirs, vivaient dans la rue jusque tard le soir. Au retour de l'école, je jetais mon cartable, attrapais au vol le panier à provisions, fonçais faire les courses, bâclais mes devoirs pour retrouver au plus vite mon fief, mon somptueux royaume, que délimitaient les deux extrémités de la rue Agathe.

J'en étais la reine. Je tenais conseil en face de la maison sur un petit escalier de pierre : c'est là que je m'asseyais. L'autre jour, la quatrième marche m'a paru plus crénelée que les autres. Nadeige était invariablement condamnée à être mon page : ma mère m'imposait de la garder et je me vengeais en faisant d'elle mon souffre-douleur.

Quand mon page ne répondait pas assez vite à mes exigences, une claque partait car j'avais la main leste. Ma première dame d'honneur, Mauricette, habitait de l'autre côté de la rue, sa mère était concierge. Mon chevalier servant s'appelait Georges Truchot, son père était chiffonnier : pour me séduire, il m'offrait les fleurs qu'il trouvait dans les poubelles.

J'avais huit ou dix ans, les garçons me surnommaient « Fil de fer », me répétaient que j'étais moche et maigre, mais ils étaient là quand même à tourner autour de moi : « Dis, Nadine, jusqu'à quelle heure tu restes ? », « Dis, Nadine, tu viens jouer ? ». Les mines s'allongeaient lorsque, vers dix heures, ma mère ordonnait : « Nadine, rentre te coucher ! »

J'avais huit ou dix ans et je m'amusais déjà à exercer mon pouvoir sur les hommes, je savais très bien qui je pouvais tourner autour de mon petit doigt. Je cherchais à plaire, même à ceux qui ne me plaisaient pas. Une fois — je devais avoir dix ans — un garçon à peine plus âgé que moi m'a donné un rapide baiser sur la bouche. Tout le quartier l'a su : on venait regarder celle qu'un garçon avait déjà embrassée. Je ne détestais pas cette célébrité soudaine.

Lorsque j'avais bien travaillé en classe, ma mère me donnait dix sous et ma grande joie était d'aller au cinéma juste au bout de la rue. C'était l'époque des débuts de Marlène Dietrich, de Greta Garbo, mais leurs films, à l'affiche dans les beaux quartiers, ne s'aventuraient pas jusque chez nous. A Puteaux, on passait les Charlot, les Zorro en plusieurs épisodes, ce qui nous faisait vivre toute la semaine dans une terrible inquiétude. Notre cinéma, le « Casino », était équipé de bancs et l'on vendait, à l'entracte, des bonbons dans des pochettes-surprises sur lesquelles étaient collées des photos d'artistes célèbres que je collectionnais. Parfois un artiste débutant se produisait sur scène avant le film.

Un après-midi, après le lever de rideau, une jeune femme est apparue dans une longue robe bleue. Elle était très belle, des yeux clairs, des cheveux blond platine coiffés en bandeaux lisses. Georgy Viennet, cette femme magnifique, a chanté sans bouger de place, le rideau s'est refermé, elle n'avait toujours pas fait un pas. A la fin du spectacle, selon mon habitude, je suis allée lui demander un autographe : la statue s'est déplacée, elle boitait. Les yeux encore éblouis par cette apparition — cette robe bleue, en ai-je longtemps rêvé ! — je compris quelle somme d'efforts sur soi elle représentait. Une vraie leçon de courage. Des années plus tard, j'étais en cure à Quiberon. Je pénètre dans un magasin, une autre cliente m'y avait précédée. Je la regarde : un souvenir d'enfance m'a submergée, le banc de bois raide, la musique, la robe bleue, ce visage ne m'était pas inconnu. Elle s'est déplacée : elle boitait.

— Vous êtes Georgy Viennet.

Elle eut l'air stupéfaite. J'ai continué :

— Vous avez été pour moi la première image de l'élégance et de la volonté. Qu'êtes-vous devenue ?

J'appris en bavardant avec elle qu'elle avait quitté la scène. Elle s'occupait des relations publiques... du cousin d'Edmond, Philippe de Rothschild !

Autant cette femme m'avait semblé proche, autant les vedettes de l'écran me paraissaient lointaines. Le cinéma ne m'a jamais fait rêver ; j'avais trop les pieds sur terre pour croire aux histoires de princes et de bergères, de dactylos et de milliardaires. Une seule chose me fascinait, et il s'agissait d'un monde bien réel : les immeubles de pierre de taille que je découvrais de l'autre côté de la Seine, Neuilly, en comparaison duquel mon royaume de Puteaux m'apparaissait soudain miséreux, Neuilly, où les gens devaient être si heureux. « Un jour, me disais-je, je passerai le pont. »

J'avais douze ans lorsque nous quittâmes Puteaux pour un appartement proche de la porte Champerret. Mon beau-père travaillait maintenant dans la police et notre vie était moins difficile.

Ce coin du XVIIe arrondissement délimité par le

boulevard Gouvion-Saint-Cyr et l'avenue des Ternes, j'en pris vite possession. Dans la rue avoisinante se trouvaient de nombreux ateliers d'artistes : l'un d'eux était occupé par une femme toujours en sari, à mes yeux le summum du chic. Je sillonnais sans trêve la rue Guersant : nous habitions à un bout, à l'autre je faisais les courses pour ma mère chez Bardoux, le grand magasin d'alors.

A treize ans, j'eus mon premier amour. Jacques Dahan habitait juste au-dessus de nous. Tous les soirs après l'école, nous nous rencontrions à l'angle du boulevard Pereire et de la rue Guersant, je portais son cartable jusqu'à la maison. Là, juste retour des choses, il m'aidait à descendre les poubelles. Nous nous rejoignions tout en bas de l'escalier, il me regardait tendrement mais me disait : « Tu es vraiment trop laide, je ne t'épouserai jamais. » J'étais très malheureuse car il me semblait terriblement séduisant. Par lui, j'entrais en relation, après la tailleuse, avec ma deuxième famille juive, venue non des brumes de Pologne, mais du soleil d'Afrique du Nord. Chez ces pieds-noirs, dans le Paris de la Libération, régnait une atmosphère extraordinaire de bruit et de fêtes, un bouquet d'odeurs qui faisait tourner la tête. Chez nous, gens du Nord, même si nous étions heureux, nous le manifestions peu. Je me demandais pourquoi des gens savent rire, et d'autres pas. Souvent, à l'étage au-dessus, déferlaient les membres de la famille, un jeune oncle surtout nous amusait beaucoup, il racontait des histoires juives. Il s'appelait Gilbert Trigano.

La vie nous réserve à tous d'étranges coïncidences. Un soir, en 1960, Edmond en rentrant du bureau m'annonce qu'il a rencontré un homme d'affaires pas comme les autres.

— Il voit loin, me dit-il, ses idées sur le tourisme de masse m'intéressent. Il s'occupe de villages de vacances. Il veut les développer et me propose des parts dans sa société.

— Comment est-il ?

— Sympathique, entreprenant, les yeux vifs, très intelligent.

— Et physiquement ?

— Rien d'extraordinaire. Petit, brun. Sa famille est originaire d'Alger.

— C'est drôle, tu me rappelles quelqu'un que j'ai connu il y a longtemps.

Nous parlions bien du même homme : Gilbert Trigano.

Autant j'aimais la vie de la rue, autant l'école me faisait horreur. De mes années de classes primaires à Puteaux, je garde un seul souvenir, celui d'être rentrée un jour à la maison avec une faucille et un marteau imprimés au tampon rouge sur ma main — cadeau, sans doute, d'un prosélyte communiste en ces lendemains de Front populaire. Et aux rondes et comptines, je préférais les couplets vengeurs de l'*Internationale.* L'école secondaire de filles du boulevard Pereire m'apparut comme une prison. Encore aujourd'hui mon cœur se serre lorsque je passe devant. Ma place était contre la fenêtre, là où sur la façade flotte le drapeau français, emblème de la liberté. Mes voisines planchaient sur les fractions, les rédactions, les conjugaisons ; le nez en l'air je regardais les passants. Mon seul espoir était ce petit train qui croisait devant l'école, apportant la promesse de mille départs, de mille évasions. J'imaginais ses voyageurs en route vers des pays fabuleux. J'ignorais que ses ports d'attache étaient d'un côté, la porte d'Auteuil, de l'autre, le pont Cardinet...

La scolarité était à l'époque obligatoire jusqu'à quatorze ans. A quatorze ans et un jour, fraîchement nantie de mon certificat d'études, sur lequel était inscrit « sait lire, écrire, et compter », je claquai la porte de l'école. Et par la même occasion celle de la maison, où mon beau-père et moi nous affrontions chaque fois qu'il était question de discipline.

Il fallait vivre : je trouvai non loin de chez nous un emploi chez Neubauer, une petite affaire fabriquant pour Peugeot des housses de sièges. Au-dessus du magasin, dans un vaste hall aux baies vitrées, nous étions une vingtaine d'ouvrières à poser les pressions. Du travail à la chaîne. Nous travaillions de sept heures du matin jusqu'à cinq heures du soir. A midi, chacune mettait sa gamelle sur le poêle. Je rangeais ma table, y étalais un bout de papier propre avant de déjeuner, ce qui me valait les railleries de tout l'atelier. La cordialité, l'esprit de solidarité du monde ouvrier, on en parle beaucoup. Je connais surtout la hargne que rencontre celui qui refuse de s'aligner.

J'avais élu domicile boulevard Gouvion-Saint-Cyr, dans un bel immeuble orné de balcons de fer forgé et d'un escalier de marbre. J'en étais fière même si, pour regagner ma petite chambre de bonne au septième étage, il me fallait passer par l'entrée de service, pousser une porte métallique verte, suivre un long couloir, traverser une courette et emprunter un vieux monte-charge qui menaçait de s'arrêter à chaque étage. Ma chambre, toute en longueur, aurait été plaisante si la vue n'avait été à moitié bouchée par un énorme portique de pierre, le fronton de la fenêtre des gens du sixième. Je me consolais à l'idée, qu'un jour, j'habiterais l'étage au-dessous.

Mon salut, pourtant, se fit par le haut. Une chambre se libéra au huitième, je grimpai d'un étage avec mon lit, ma plante verte et, enfoui dans une valise, le réchaud à alcool, sur lequel je faisais en cachette ma cuisine. Dans le couloir soupenté éclairé par des verrières, se trouvait un poste d'eau froide et on avait le droit, deux fois par semaine, d'y faire sa toilette. J'installais alors un paravent sur le palier, une fleur sur la vasque en céramique blanche munie d'une grille et je procédais à mes ablutions. Dans les toilettes, je réussis par la suite à monter tout un système : grâce à un arrosoir perché sur la chasse d'eau, j'arrivais tant bien que mal à me doucher.

Une fois par semaine, pour améliorer mes fins de mois, je lavais à grande eau, armée d'un seau et d'un balai-brosse, l'escalier de marbre. Je n'étais pas dépensière : j'allais rarement au cinéma, jamais au théâtre, je n'avais même pas une petite radio. Mais j'avais envie d'un dessus-de-lit propre et d'une table de nuit qui ne fût plus un tabouret. Mes parents, effrayés par mon indépendance, me suppliaient de revenir à la maison. Leurs efforts restèrent vains.

Après l'usine Neubauer, j'entrai chez un marchand de laine, la maison Fourlegnie. Le travail y était propre. En blouse blanche, j'avais mission de défaire les ballots pour ranger pelotes et écheveaux dans l'entrepôt. Il m'arrivait de servir les clients et — suprême honneur — de répondre au téléphone : un instrument magique auquel je n'avais encore jamais eu accès de ma vie.

Je passai une semaine chez un coiffeur balayant sans trêve dans l'espoir de devenir un jour shampouineuse. Près d'un an dans une société de mécanographie, toujours dans le même quartier, boulevard Pereire, où je ronéotypais des circulaires à longueur de journée. Mais déjà sans que j'en eusse vraiment conscience, un incident heureux avait fait basculer ma vie du bon côté.

JE travaillais dans le magasin de laine et n'avais pas encore fêté mes dix-sept ans. Micheline, l'une des vendeuses, un peu plus ancienne que moi dans la maison, avait par hasard découpé une annonce dans un journal, un peintre cherchait des modèles. Elle me proposa de l'accompagner à son rendez-vous.

Nous nous retrouvâmes vers sept heures du matin dans l'autobus qui grimpait jusqu'à l'Étoile pour redescendre place d'Iéna. J'ouvrais grands les yeux, jamais je n'avais navigué dans d'aussi beaux quartiers. L'immeuble du peintre était imposant, ses hautes fenêtres à petits carreaux dominaient la place. Au deuxième étage, un maître d'hôtel, invraisemblable personnage en gilet rayé jaune et noir, nous ouvrit la porte. Je chuchotai à l'oreille de Micheline : « Quel drôle de guignol », et je risquai : « Vous aussi vous êtes venu pour l'annonce ? » A son silence offusqué, je sentis que mon flair m'avait trompée.

Jean-Gabriel Domergue entra : il était déjà – je ne l'appris que plus tard –, un peintre mondain très coté. Avec sa barbiche en pointe grisonnante, il me parut un vieux monsieur, un ancêtre de cinquante ans ! Il me dévisagea et me pria d'entrer.

— Allons-y, dis-je à mon amie.

Il précisa :

— Non, mon petit, c'est vous que je veux voir.

Je le précédai dans son atelier. Il me demanda de me déshabiller. Et me voilà en combinaison, point gênée du tout : ce n'était pas pis que d'être chez le médecin. Le diagnostic en revanche me laissa ahurie :

— Parfait, vous commencez demain matin.

Moi « Fil de fer », modèle d'un peintre ! Je n'en revenais pas. Micheline, qui me paraissait si belle, était restée dans l'entrée, et j'avais été choisie alors que je jugeais mon physique ingrat. Sans le savoir, j'incarnais ces ingénues perverses que se plaisait à peindre Domergue, petites femmes au long cou, au nez mutin, aux yeux fendus, au joli buste et à la taille étranglée. Une peinture sans grande valeur artistique mais dont la griffe à la Van Dongen faisait fureur. Je n'ai jamais eu chez moi de tableaux de Domergue jusqu'au jour où l'une de mes cousines, sachant que j'avais posé pour lui, m'en offrit un, acheté vingt ans plus tôt : c'était bien moi, cheveux relevés, épaules nues surgissant d'une guêpière jaune. Depuis, chaque matin, dans ma salle de bains, m'attend une très jeune femme à la moue de gamine : je la regarde avec étonnement, elle n'avait pas froid aux yeux pour entreprendre un si long voyage.

Trois fois par semaine, avant mon travail, de sept heures à huit heures et demie du matin, j'allais poser chez Domergue. Sept francs l'heure de pose, c'était le Pérou comparé à mon salaire. A ce prix, j'aurais aussi bien accepté de vendre des pommes de terre.

Être modèle m'apportait autre chose. C'était d'abord l'école de la patience. Mais poser m'ouvrait surtout une porte sur un monde inconnu. Le matin où je m'étais pour la première fois rendue chez Domergue, en moins d'une demi-heure et à peine deux sections d'autobus, j'avais franchi des années-lumière : à la petite aube, mon univers était encore balisé par une chambre mansardée et des ballots de laine, une heure plus tard j'abordais des terres nouvelles, où tout n'était que luxe et beauté. Un monde où les appartements étaient vastes comme des cathédrales. Un monde où les femmes étaient élégantes et portaient des noms d'héroïnes de roman. Un monde où l'on semblait avoir tout son temps.

Même si je n'étais encore qu'une spectatrice éblouie, ma vie commençait là. Le maître peignait : ses amies, femmes du monde, artistes, écrivains, venaient assister aux séances de pose. Elles ne prêtaient guère attention à moi, se contentaient de me jeter parfois un coup d'œil distrait pour mesurer la fidélité du portrait. Rien de très agréable. En revanche, nos tête-à-tête étaient un régal : Domergue, tout en maniant le pinceau, ne cessait de parler, il évoquait des gens, des lieux, racontait des histoires qui me donnaient à rêver. Sous ce monsieur paternaliste et charmant couvait un Pygmalion : j'étais un esprit primaire mais curieux. J'écrivais très mal, je ne lisais rien, il me poussait à me cultiver. Rude travail de défrichage ! Joyeusement, il passait du coq à l'âne. A partir d'une chaise à porteurs qui meublait son entrée, il me faisait un cours sur les styles : je ne distinguais pas un siège Louis XV d'une chaise de cuisine. Puis, il me parlait du Grand Siècle ou de Napoléon : m'étant arrêtée à Jeanne d'Arc, je ne savais même pas qu'il y avait une suite à l'histoire de France.

Il me racontait être allé à Amsterdam uniquement pour y voir dans un musée le tableau qu'il aimait. Cela me semblait invraisemblable. Je n'avais jamais mis les pieds dans un musée, les seuls tableaux que j'avais vus étaient ceux des églises où ma mère me traînait. Que de kilomètres pour contempler une seule peinture ! J'éprouvai la même stupéfaction quand, il y a quelques années, dans notre château de Pregny, je vis débarquer, dûment recommandé, un spécialiste de Watteau : son ambition était de mesurer le bras droit du *Bel Indifférent* accroché dans le salon jaune. Ce qu'il fit au millimètre près. Je lui proposai ensuite de visiter la maison qui renferme des collections uniques au monde. Il déclina mon offre poliment : sa mission accomplie, il avait hâte de repartir. Qu'un homme censé aimer l'art n'eût pas plus de curiosité me consterna.

Jean-Gabriel Domergue me nourrissait de sa vaste culture, de sa longue expérience : il ouvrait devant moi, par la simple magie de ses paroles, un grand livre d'images. Les heures de pose passaient à une vitesse étonnante. En rentrant du magasin, je travaillais dans ma chambre, je notais sur de grandes feuilles de papier les conversations que nous avions eues dans la matinée, avant de les recopier par thèmes dans de petits carnets. Le soir, recrue de fatigue, je m'endormais, le nez sur cette absurde et précieuse corvée : je savais qu'un jour tout cela me servirait.

Grâce à Domergue, je pris l'habitude d'écouter, l'habitude de poser des questions, de faire rebondir la balle au bon moment, bref je m'initiai à l'art subtil de la conversation. Il me faisait aussi comprendre que la beauté n'a que peu de poids : la Beauté, la vraie, celle qui touche l'homme, c'est la vie, l'éclat du regard, la présence. Bien des femmes ravissantes n'ont eu qu'un succès passager parce qu'elles trouvaient normal de recevoir sans rien donner en échange. Les femmes moins jolies savent que pour séduire elles doivent déployer tous leurs efforts.

Le maître me prodiguait aussi ses conseils :

— N'abandonne pas ton métier, me disait-il, c'est ta sécurité et cherche toujours à progresser. Avec ton physique et ta vivacité d'esprit, tu dois pouvoir faire du théâtre ou du cinéma.

Il m'envoya voir Marc Allégret qui avait lancé nombre de vedettes dont Jean-Pierre Aumont et Simone Simon. Je repartis de chez lui les bras chargés de pièces de Sacha Guitry : une dizaine de scènes à apprendre en moins d'une semaine !

De quoi faire fuir celle qui n'avait jamais réussi

à apprendre la liste des départements français, la réfractaire aux tables de multiplication, l'insoumise aux règles les plus élémentaires de notre grammaire, le cancre de l'école du boulevard Pereire. Pourtant, je m'infligeai gaiement le pensum : je marmonnais à longueur de journée le texte appris la veille dans mon lit ; le bureau participait et s'amusait à me donner la réplique.

Au jour dit, je savais tout par cœur et débitai ma leçon devant Marc Allégret, avec la grâce d'une machine à écrire. Indulgent, il me trouva — à défaut sans doute de talent — un style : j'étais faite, me dit-il, pour les rôles frivoles et légers, les soubrettes de Marivaux, la Rosine du *Barbier de Séville.* Toujours l'ingénue perverse ! Il fallait me résigner : telle que ma mère m'avait faite, jamais je ne jouerais Andromaque, j'écartais résolument les textes tragiques de mon répertoire.

Marc Allégret me conseilla de m'inscrire à des cours d'art dramatique, mais je n'avais pas de quoi les payer. Je devais commencer par la figuration.

Je suivis la filière habituelle, j'achetai le magazine *Le Film français,* repérai les films en préparation, téléphonai aux régisseurs, passai des auditions dans les maisons de production des Champs-Élysées : bien souvent sans résultat, mais au moins ces Champs-Élysées étaient-ils les vrais, entre Concorde et Étoile.

M'échapper le temps d'une convocation était tout un problème, car, à l'atelier de mécanographie où je travaillais, je ronéotais sans trêve en milliers de pages les stencils que l'on me confiait. Prétexter une migraine ne me ressemblait guère, je décidai de trouver un nouvel emploi qui me donnât plus de liberté et je me mis à poser pour d'autres peintres, Touchagues, Dyef, et à la Grande Chaumière. Mon carnet commençait à se remplir.

Comble de bonheur, je décrochai enfin mon premier rôle de figurante. C'était un film de Julien Duvivier : *Au Royaume des Cieux,* avec en vedette la jolie Suzanne Cloutier, qui allait devenir la femme de Peter Ustinov. Aux studios de Billancourt où nous tournions, nous étions censées être des collégiennes surprises dans une église par une inondation. Le niveau de l'eau ne cessait de monter, nous grimpions sur les bancs, elle montait encore, encore, jusqu'à la taille, jusqu'aux épaules ; nos nattes flottaient telles des épaves. Je passais ainsi près d'une semaine sous l'eau, réenfilant stoïquement chaque matin mes vêtements trempés et glacés. Mais l'expérience ne me refroidit pas : j'avais le feu sacré.

Pour mon second film, *Notre-Dame de Paris,* je laissai la vedette à Gina Lollobrigida que Quasimodo-Anthony Quinn aimait à la passion. Perdue parmi deux cents figurants, j'incarnai plus modestement une jeune fille en haillons de la Cour des Miracles. Peu à peu je découvrais ce monde du cinéma hiérarchisé avec ses figurants, ses rôles de deux mots, de trois phrases, d'une journée, ses rôles d'une semaine, ses seconds et ses premiers rôles. Un monde de rêves et de lumières qui, vu de l'intérieur, comportait ses petits fonctionnaires sans passion, sans ambition, sinon celle de retrouver un emploi. J'étais en bas, tout en bas de l'échelle, je voulais grimper.

Je travaillais toute la journée. Restaient les soirées inoccupées. Du temps gâché. Je me lançai dans le music-hall, passant force auditions dans tous les théâtres, théâtre de l'Étoile, avenue de Wagram, ABC, Bobino... A l'Européen, tout près de la place Clichy, je rencontrai pour la première fois Bruno et Paulette Coquatrix, les futurs propriétaires de l'Olympia : pour faire un peu plus dame j'avais emprunté un manteau d'astrakan. Peine perdue : j'avais toujours l'air d'avoir quinze ans et d'avoir enfilé le manteau de ma mère. Les Coquatrix me trouvèrent probablement d'autres atouts que ma peau de bête : depuis ce soir-là, je fis partie de tous leurs spectacles.

C'était encore une petite, toute petite place dans des revues sans prétention intellectuelle, style *Paris Galant* ou *Paris Frivole.* J'opérais vaillamment dans le corps des girls, sans être pour autant danseuse professionnelle : je prenais bien quelques cours dès que j'en avais le temps et les moyens, mais mes talents me confinaient plutôt aux fonds de scène, ou aux figurations intelligentes. A l'ABC dans une revue menée par Charpini et Brancato, deux célèbres comiques de l'époque qui osaient se montrer sur scène travestis, j'incarnai avec talent un melon ! Dans *Sauce Piquante,* je prêtais mes charmes à la docte Héloïse, l'amante d'Abélard. Date historique, celle où, enfin, quittant le purgatoire du muet, je lançai fièrement ma première réplique : « A moi, Comte, deux mots. » ! Mais ce n'était là qu'un pastiche du Cid et, en fait, je sillonnais en tutu et bas résille noirs la scène de Bobino.

Souvenirs, souvenirs... Que sont devenues mes amies, ces filles aux seins superbes, aux longues jambes, qui, entre deux représentations, tricotaient et parlaient popote ? Mariées sans doute et mères de famille... Le mariage, elles en rêvaient. J'avais dix-sept ans et c'était le cadet de mes soucis. Une seule chose m'importait : réussir ma vie.

Bobino : je me revois avant la première d'un spectacle, je ne saurais dire lequel, en petit jockey d'opérette, casaque et knickers de soie blanche, casquette sur la tête. L'usage voulait que les directeurs du théâtre envoient, pour conjurer le sort, un petit bouquet à chaque artiste et passent les embrasser dans leur loge. Les Coquatrix sont entrés. J'étais là, la tête entre les mains, répétant une ultime fois mon texte. Paulette (elle m'a rappelé cet incident, il n'y a pas longtemps) m'a rassurée :

— Nadine, détends-toi, tu le sais, ton rôle.

Je me redressai et plantai mes yeux droit dans les siens :

— J'arriverai, vous savez, j'arriverai.

— Mais oui, tu arriveras puisque tu le veux.

Sans doute pensait-elle que j'espérais un rôle sur le devant de la scène. Peut-être le croyais-je aussi... Encore que... Non, quand j'y pense, je savais déjà que cette scène était trop étroite pour moi.

Du chat, j'avais les yeux fendus, le visage en triangle, le corps souple. Je me glissais sans faire de manières dans les rôles que l'on me proposait, toujours grisée dès que l'on agitait sous mon nez une nouvelle pelote à dévider, dès que je découvrais un nouveau terrain à explorer. J'avais aussi l'instinct : derrière mon appétit de tout saisir et ma vitalité, se cachait un animal aux aguets : je repoussais résolument ce qui ne me convenait pas.

Du chat, j'oubliais de le dire, j'avais aussi les griffes. Témoin cet accrochage que j'eus, à l'Européen, avec une danseuse. On m'avait demandé l'âge qu'elle pouvait avoir. Mylène, avec ses airs de pimbêche, m'avait toujours exaspérée. Je lançai à la cantonade qu'elle n'était plus toute jeune : « Je ne serais pas étonnée qu'elle ait coiffé Sainte-Catherine. »

L'injure porte, Mylène fonce sur moi. Nous nous battons comme deux furies, cheveux tirés, coups de main, coups de pied, on dut nous séparer. Un photographe venu faire un reportage sur la vedette du spectacle était là. Quelques jours après, je retrouvai ma photo, joues en feu, œil noir, en première page de *France Dimanche.* Mon mauvais caractère me faisait accéder à la célébrité.

Je reçus, peu après, du représentant parisien de la Metro-Goldwyn-Mayer, une invitation à aller le voir. Il me proposa un contrat de sept ans à Hollywood. Hollywood, paradis des stars, rêve de toutes les midinettes, assurance anti-chômage pour une fille qui débutait dans la carrière ! Je refusai pourtant :

— Si ça ne marche pas, dis-je à l'Américain ahuri, quand je rentrerai à Paris dans sept ans, je serai trop vieille pour recommencer.

Ce refus était aberrant, contre toute logique, et pourtant je sentais que si je partais, je laissais passer ma chance. Toutes les filles qui ont accepté ces contrats n'ont jamais percé.

Je ne pouvais tout de même pas lever la jambe toute ma vie. La route des Amériques étant coupée, je me rabattis sur les Grands Boulevards, dans l'espoir d'y dénicher une situation plus lucrative et intéressante. Au théâtre de l'Étoile où je jouais, je rencontrai celui à qui je dois ma carrière de comédienne, Robert Beunke, l'homme qui avait découvert Arletty, l'imprésario de Raimu et de Fernandel.

Je n'avais jusqu'alors fait la preuve de rien, sinon d'une gentille frimousse et d'une sacrée volonté. Beunke me fit confiance. Grâce à lui, j'entrai au théâtre des Capucines, un vrai théâtre, tout capitonné de satin blanc, où se produisaient les plus jolies femmes de Paris, dans des spectacles à sketches à mi-chemin du music-hall et du Châtelet.

Les revues étaient montées des mois à l'avance : dans la première où je fus engagée, les rôles étaient déjà distribués. On me prit comme doublure, chargée de remplacer si besoin deux douzaines de filles qui devaient frôler le mètre quatre-vingts. C'était mieux que rien, même si j'avais vingt centimètres de moins. Je brûlais d'impatience de monter sur les planches, répétais tout l'après-midi, arrivais le soir deux bonnes heures avant le spectacle et restais jusqu'à la fin dans l'espoir d'une défection. Il n'y eut jamais un rhume, jamais une cheville tordue, jamais une appendicite aiguë, ces filles avaient une santé de fer !

Pour la revue suivante, le directeur du théâtre, Mitty Goldwin, Juif russe doté d'un sens artistique extraordinaire, me convoqua solennellement : « J'aurrrai un rrrôle pour toi, ma petite Nadine. » (Il roulait furieusement les r.) Je le regardai éblouie. Je me voyais déjà en tête d'affiche, mon nom était trop long, j'en profitai pour en changer. Après tout, je l'avais emprunté, j'en rendis la moitié, Nadine Lhopitalier devint Nadine Tallier. Aux répétitions, je m'aperçus que je ne tenais pas encore le rrrôle de ma vie : j'avais en tout et pour tout à traverser la scène, habillée d'un maillot blanc et d'une paire de gants noirs.

Le soir de la première, affolement dans les coulisses : impossible de mettre la main sur mes gants, faute de mieux j'en empruntai des blancs. A ma sortie de scène, je vis surgir Goldwin hors de lui : « Tu as rrruiné mon spectacle, petite gourde, tout le sketch reposait sur tes gants noirs ! ». A montrer patte blanche j'avais tout massacré. En fait de débuts prometteurs, c'était plutôt raté.

Je ne fus pas exclue du bataillon et continuai à travailler dans ce minuscule et délicieux théâtre où tant de grandes vedettes, Yvonne Printemps en tête, avaient fait leurs classes. Je jouais avec Pierre Dac, Francis Blanche, Raymond Souplex, Georges Chauvier que son petit garçon, Serge (Lama), venait quelquefois chercher après le spectacle. Je me retrouvais aussi sur la même scène que des débutants : Henri Salvador, Raymond

Devos dans un inoubliable numéro de trampolino, Annie Cordy, Darry Cowl, Roger Pierre, Jean-Marc Thibault. Je vis même un jour, dans l'une de ses dernières revues à l'ABC, Mistinguett, elle avait plus de soixante-quinze ans : à l'entracte, Robert Beunke m'entraîna dans les coulisses et me présenta, il lui glissa quelques mots sur moi et mon ambition de faire du music-hall. La Miss me dévisagea de la tête aux pieds, et de sa voix inimitable laissa tomber : « Elle a raison, cette petite, elle n'a pas une gueule d'ouvrière. »

Les Capucines étaient une pépinière de jeunes talents : les imprésarios y venaient à la pêche. Se pressaient également chaque soir des messieurs importants, attirés par la beauté des femmes, moins dans l'espoir d'une aventure que pour le plaisir des yeux, le plaisir de rêver. C'était élégant, désuet et charmant. Immanquablement assis au premier rang, l'un de mes admirateurs, après chaque spectacle, remettait à Alex, notre célèbre portier, une immense boîte de chocolats à mon intention. Dieu sait si je suis gourmande mais au bout de deux mois de ce régime, les chocolats me sortaient par les yeux, je me mis à les distribuer à l'habilleuse, au coiffeur, à la concierge. Un matin, cette brave femme m'arrête au bas de l'escalier :

— Mademoiselle, je ne crois pas que vous ayez vu ce qu'il y avait dans la boîte que vous m'avez offerte hier.

Soigneusement rangé comme les autres dans une coque dorée, pointait au beau milieu un drôle de chocolat : une bague avec une énorme topaze, le premier bijou que l'on m'offrait !

Lorsque j'étais encore danseuse à l'Européen, les ouvreuses, à tour de rôle, m'apportaient dans ma loge des roses rouges par brassées et des caisses de pommery rosé. Mon soupirant, chapeau mou, col relevé, cravate blanche, œil perçant, était toujours assis au premier rang. L'homme n'avait pas bonne réputation. Derrière le rideau de scène, nous guettions l'apparition de ce « mauvais garçon », et en fin de spectacle mes amies faisaient le guet tandis que j'attendais dans ma loge qu'il partît découragé. Plus tard, il acquit auprès de toutes les polices de France une notoriété à la hauteur de son surnom : Pierrot le Fou.

J'avais dix-neuf ans. On m'offrait des fleurs — souvent —, plus rarement des topazes. Une classe de l'École des Roches fit le mur un samedi après-midi pour venir m'applaudir, puis m'emmena dîner au Bar des Artistes.

Aux Capucines, à chaque spectacle, je montais un peu en grade. Dans *Les Chansons de Bilitis*, adaptées par Marc Cabb de l'œuvre de Pierre Louÿs sur une musique de Joseph Kosma, je me taillai un assez joli succès en bergère grecque. Cette même année 1952, on monta un autre spectacle à sketches. Édith Georges, la meneuse de revue, y triomphait dans un air de *Fifi*, tandis que Fortunia, une belle mulâtre, chantait à la Joséphine Baker, des bananes autour des reins. Au programme, Christiane, une chanteuse classique, égarée Dieu sait pourquoi dans les variétés, reprenait les grands succès de la saison. Dans sa robe longue de Carven couleur bleu nuit, elle me fascinait, comme dix ans plus tôt Georgy Viennet.

Nous étions deux par loge. Christiane pouvait choisir celle qu'elle désirait : nous nous étions souri trois fois, elle demanda que ce fût moi.

Il nous fallut un long moment avant de nous tutoyer. A priori, tout nous séparait : son origine — elle était issue de la petite bourgeoisie protestante ; son style — grande, bien en chair, élégante, œil bleu, cheveux blonds et beaux traits réguliers. Notre caractère — elle, anxieuse, réservée —, moi, fonceuse, enjouée. Elle était mon maître ès distinction, moi son professeur ès ambition. Nous devînmes inséparables.

Non sans quelques orages. La prude Christiane acceptait mal certaines de mes fréquentations, surtout Lucienne, un jeune mannequin qui dans la revue se montrait les seins nus. Nous avions coutume de nous asseoir toutes les deux dans un coin de l'escalier, confessionnal improvisé où Lucienne me racontait par le menu une vie sentimentale compliquée. Je l'écoutais sans me lasser, j'étais une incorrigible curieuse, persuadée — je le suis encore aujourd'hui — d'avoir toujours quelque enseignement à tirer des gens que je côtoyais.

Le jour où nous jouions en matinée et en soirée, tandis que Christiane, terriblement snob, fréquentait les restaurants chic du boulevard, j'allais dîner en compagnie de Pierre Dac et de Francis Blanche au Bar des Artistes. Nous y croisions les filles du quartier de l'Opéra, celles qui travaillaient pour la joie de ces messieurs rue des Capucines, rue Daunou ou rue Godot-de-Mauroy. Il nous arrivait de partager la même table, Francis et Pierre ne perdaient pas un mot de leur conversation. Je retrouvais dans leurs sketches la verdeur de ces professionnelles du langage, leur ironie mordante, leurs expressions savoureuses. Elles nous interrogeaient sur notre métier, nous consolaient de nos échecs, se réjouissaient de nos succès. Et je ne fus pas très étonnée de recevoir d'elles, après la naissance de Benjamin, un joli paquet de chez Christofle agrémenté de faveurs bleues. Il contenait un ravissant nécessaire de toilette en vermeil.

Mon meilleur conseiller était toujours Robert Beunke. C'est lui qui me mit entre les mains d'une femme imprésario, Mme Simona, particulièrement efficace. Lui aussi qui me guida dans le labyrinthe de ce métier, m'indiqua les rôles à prendre, ceux à éviter. Il ne cessait de me seriner :

— Nadine, tu rencontreras des hommes, des hommes riches peut-être. Mais les hommes passent : ton métier reste, c'est à lui que tu dois t'accrocher.

Même si un homme me faisait la cour, me laissait entrevoir des lendemains dorés, je n'oubliais pas le message.

Il y a des voix dont on ne se libère pas. La vie à Saint-Quentin était déjà loin derrière moi et pourtant j'entendais encore les paroles de ma grand-mère : « La seule vertu que je reconnaisse, c'est celle du travail. » Je n'avais pas un moment à moi, les moindres trous dans mon emploi du temps étaient meublés par des cours de danse, de comédie, ou de diction. Des cours de chant aussi, bien que j'eusse une petite voix ; selon mon premier professeur, Mlle Liszt, la petite-fille du compositeur, il n'y avait définitivement rien à en attendre. La charmante vieille demoiselle ajoutait aussitôt rassurante : « Mais ne désespérez pas, vous arriverez à autre chose. »

Je reçus plus d'encouragements de Mariane Durier qui très vite se substitua à Mlle Liszt. Cette femme d'une cinquantaine d'années, au beau visage et au caractère ferme, avait formé Marguerite Carré, Suzy Solidor, Max Dearly, l'un des grands comédiens d'avant-guerre ; elle avait travaillé avec d'innombrables artistes de Damia à Ginette Leclerc. Elle devint vite une amie précieuse. Chaque jour, en début d'après-midi, je sonnais à la porte de son petit appartement du rez-de-chaussée, au fond d'une impasse du quartier des Batignolles : avec elle, je vocalisais pendant une heure, apprenais à placer ma voix, j'interprétais des airs de comédie musicale et d'opérette. Nous aurions bavardé longtemps après la leçon si je n'avais été obligée de filer très vite vers le théâtre où m'attendaient les répétitions. J'habitais alors toujours ma petite chambre au huitième étage, je me hissais toujours dans le monte-charge bringuebalant, je me lavais toujours sur le palier. A vrai dire, je n'y passais que pour dormir, travaillant d'arrache-pied : dans la journée, je posais, à moins d'être engagée comme figurante l'espace d'un film ; le soir j'étais sur scène.

Un autre de mes maîtres fut Bruno Coquatrix. Un homme qui n'admettait pas la médiocrité : chaque numéro était cent fois recommencé. En 1954, il m'engagea comme speakerine à l'Olympia. Venant du théâtre des Capucines, je n'eus que la rue à traverser.

Je présentais les chanteurs en vedette américaine et les têtes d'affiche, Bécaud, Brel, Aznavour, les Platters, Lionel Hampton, Sidney Bechet ou Louis Armstrong. C'était aussi le temps de Piaf et les critiques se plaignaient de voir les chanteuses se transformer par mimétisme en pleureuses... sans avoir son talent. J'étais drôle, j' « avais l'œil » comme on dit dans le métier, c'est-à-dire un regard dont on captait l'expression dans la salle. Je savais bouger sur scène, j'avais — à en croire les critiques — « des jambes spirituelles » ! Bref, j'apportais entre les numéros un air de fantaisie.

Enfin, j'étais sur scène, à la même place que Georgy Viennet, dans des robes réalisées par Paulette Coquatrix. Bruno m'avait avancé l'argent nécessaire à cet investissement hors de proportion avec mes finances, et me retenait tous les mois une partie de mes cachets. J'étais sur scène, seule, tous les yeux braqués sur moi. Certes, mes passages étaient brefs, mais ils se répétaient dix ou douze fois par soirée. J'étais grisée et paniquée.

Car la tâche n'était pas si aisée : il fallait composer les textes de présentation, intriguer le public, faire du remplissage sur le ton d'un badinage mondain lorsque le rideau se levait et que l'artiste était encore en train de se maquiller. Je me souviendrai toujours de mon premier soir à l'Olympia. Il fut catastrophique. J'étais tellement émue qu'une fois sur scène, moi qui avais ciselé mon petit numéro depuis des semaines, je me retrouvai dans le noir complet : ne subsistaient dans mon esprit que des fragments épars de mon discours, aucun nom d'artiste auquel me raccrocher, même pas celui de Georges Brassens qui attendait dans les coulisses le moment d'entrer en scène. Le Tout-Paris était devant moi. Je bredouillai quelques mots :

— Le premier numéro, inutile de vous l'annoncer puisque vous allez le voir. Quant au second, j'aurai le temps d'ici là de me renseigner.

Le public eut l'air médusé mais, bonhomme, applaudit. A peine retournée dans les coulisses, de dépit j'éclatai en sanglots. Georges me mit le bras autour de l'épaule : « Ne pleure pas, ça nous arrive à tous. » A la fin du spectacle, il entra dans ma loge, une petite enveloppe à la main. Il en sortit un trèfle à quatre feuilles séché : « Tiens, Nadine, ce porte-bonheur ne m'a jamais quitté. Je te le donne. » Je l'ai toujours sur moi. Autre souvenir, plus secret de Georges, cette *Jolie fleur dans une peau de vache* qu'il me dédia sans jamais me le dire : c'est du moins ce que me confia l'un de ses amis bien plus tard...

A l'Olympia, je présentais les autres dans le ferme espoir d'être un jour présentée moi-même. Lorsque l'imprésario de toutes les vedettes de music-hall, Jacques Canetti, me proposa d'entrer dans son écurie pour un tour de chant, je crus mon heure venue. Un jour de relâche, il m'emmena avec Brel et Brassens (qui passaient aux Deux-Anes) près d'Anvers dans un théâtre assez minable. Notre train étant en retard, nous n'eûmes même pas le temps de répéter. Sitôt arrivés nous remettons nos partitions au pianiste.

Je passe en lever de rideau avec une chanson de Mistinguett, *On m'suit.* Le pianiste hollandais plaque son premier accord. Je reste bouche bée. Je fixe le public intensément. Le pianiste commence à faiblir. La salle tangue sous mes yeux. Je me rue dans les coulisses, tandis que résonnent les derniers accords de : *Quand on a que l'amour* que devait chanter Jacques Brel...

Ma carrière de chanteuse s'arrêta ce soir fatidique.

FLASH-BACK. Cannes, quelques années plus tôt. Je voyais la mer pour la première fois. J'étais venue de Paris pour un concours qui se déroulait au Casino. La gagnante devait décrocher une bourse et un rôle dans un film de Maurice Chevalier, dont Marcel Pagnol avait écrit les dialogues et dans lequel devait jouer Josette Day, la vedette de *La Belle et la Bête.* Aurais-je enfin l'occasion de sortir des rôles de figuration dans lesquels je me cantonnais ?

Nous passons les auditions. A la fille qui me précède, bafouillante d'émotion, Maurice Chevalier donne le coup de grâce en déclarant sèchement :

— Mademoiselle, je ne vous demande pas de savoir chanter, mais au moins, par pitié, sachez dire et ar-ti-cu-ler.

A mon tour je présente, en m'appliquant de mon

mieux, le rôle de Lulu dans *Mon père avait raison* de Sacha Guitry... et je gagne le concours ! Marcel Pagnol me félicite chaudement et me conseille d'aller retirer mon prix au secrétariat de Maurice Chevalier dans les hauts de la ville, quartier de la Bocca.

La chaleur était accablante. Je n'avais pas de quoi me payer un taxi, mais qu'importait, avec l'argent que j'allais recevoir, c'était la fin des vaches maigres. Après une grimpette d'une heure, je sonnai à la porte de la villa, essoufflée et radieuse.

J'attendis un long moment. Personne. Traînant mes rêves effilochés, je redescendis lentement vers la ville, toujours rien dans les poches. J'avais investi toutes mes économies dans le billet aller, confiante en ma chance. J'ignorais alors que l'homme au canotier avait des pertes de mémoire célèbres dès qu'il s'agissait de débourser de l'argent. Pour le retour, il ne me restait plus qu'à faire de l'auto-stop. Dans la voiture qui s'arrêta, conduite par son chauffeur, se trouvait une dame fort excentrique. Sa tête me disait quelque chose ; son costume de yachtman, casquette, blazer et pantalon de flanelle blanche me le confirma : c'était bien la môme Moineau, celle qui, petite vendeuse de fleurs au Fouquet's, avait conquis le cœur d'un riche Sud-Américain et menait maintenant, avec son époux, grand train sur la Croisette. Après cette somptueuse limousine, j'empruntai la Simca d'un jeune couple qui, arrivé à Saint-Étienne, décida de loger à l'hôtel. Je demandai à rester dans leur voiture en attendant le train de onze heures... J'y passai la nuit. Au petit matin un autre automobiliste m'emmena jusqu'à Paris.

La déconvenue était sévère. Je tenais bon. Je réussis enfin à décocher dans *Boniface somnambule* dont la vedette était Fernandel une réplique, une seule. Ma chance au cinéma fut Eddie Constantine : il m'avait vue aux Capucines, il me transforma en entraîneuse de bar dans *Vous pigez ?* et me donna désormais un rôle dans la plupart de ses films.

Dans la foulée, on me proposa d'autres petits rôles. Je fis trois ou quatre films avec Léonide Moguy, metteur en scène grand par le cœur comme par le talent. Il avait lancé Suzanne Cloutier, Etchika Choureau, Michèle Mercier, Mylène Demongeot. En soirée, aux Capucines où je jouais encore, je gambadais en tutu ; à dix heures du matin, aux studios de Saint-Maurice, dans les *Enfants de l'Amour,* je devenais (une fois de plus !) Lulu : séduite et abandonnée, j'allais dissimuler ma grossesse dans une maternité. Au début du tournage, on nous avait fixé sur le ventre des ceintures en baudruche qui se gonflaient à la bouche. Mais elles avaient la mauvaise habitude de se dégonfler au beau milieu d'une scène en émettant un « Pschitt » retentissant au grand dam des preneurs de son. En désespoir de cause, Moguy les fit bourrer de coton hydrophile.

Dans *Princesse de Paris,* du même metteur en scène, j'étais cette fois Tania, mannequin de haute couture qui avec Sophie Desmarets jouait sa vie par défi un soir de réveillon triste : nous nous battions à coups de rouge à lèvres, je me suicidais en me jetant par la fenêtre, suspendue par un harnais comme au cirque.

— Tu parles anglais? me demanda Eddie Constantine.

— Pas très bien, mais cela peut s'arranger.

Je ne parlais pas un traître mot de cette langue, il s'en doutait mais il reprit :

— Il y a un film en préparation en Angleterre, un rôle qui te conviendrait parfaitement. Prends rendez-vous avec le producteur.

Le soir même, je rendis visite à Mlle Guyot, un professeur qui avait enseigné l'anglais à bien des comédiens, de Maria Félix à Jean Marais, et que m'avait chaudement recommandée Lucienne Delyle, la femme d'Aimé Barelli. Elle habitait à deux pas des Tuileries, rue du Mont-Thabor. Je grimpai jusqu'au dernier étage, croisai dans l'escalier des jeunes femmes très affairées. Je venais sans le savoir de pénétrer dans le centre parisien de la WIZO, la « Women's International Zionist Organization », une association de femmes juives dont, des années plus tard, portant un nom claquant comme une bannière, j'allais devenir la présidente.

Pour l'heure, ma seule ambition était d'apprendre les quarante ou cinquante phrases qui me permettraient de faire illusion. Mlle Guyot entra dans le jeu, me façonna un petit vocabulaire sur mesure. Arrivée à Londres, je débite ma tirade devant le producteur, je commence par une phrase polie d'introduction, lui présente mon press-book, affirme que je suis faite pour le rôle. Une question de plus et je suis perdue. Il me répondit quelques mots, me serra la main. Lorsque, à mon retour, Eddie me demanda si j'étais engagée, je dus lui avouer que je n'en savais rien. Je n'avais pas compris un seul mot de tout ce qu'on m'avait dit.

Je reçus mon contrat quelques jours plus tard. J'avais décroché le second rôle féminin dans *Girls at sea* (« Filles à la mer »), une comédie musicale où j'incarnais une jeune passagère clandestine embarquée sur un croiseur anglais. Je supplantais la jeune fille de bonne famille dans le cœur du très beau commandant. Un effroyable mélo, mais l'ambiance sur le plateau était sympathique. On avait reconstitué la Croisette sur la côte anglaise. Et puis, une autre starlette, Brigitte Bardot, n'avait-elle pas, quelques années plus tôt, tourné elle aussi dans un film anglais de la même veine, *Toubib en mer*?

J'eus trois semaines pour apprendre mon texte. La difficulté, c'est que, le matin, je posais, l'après-midi, je répétais au théâtre, le soir, je jouais : c'était du « non-stop » ! Mlle Guyot accepta de me prendre à la sortie du théâtre : je travaillais avec elle de minuit à trois heures du matin et, dans mon lit, je rêvais dans la langue de Shakespeare. Trois semaines plus tard, je savais mon rôle sur le bout des doigts... mais je ne parlais toujours pas anglais.

Après ce rôle, j'en eus un second puis un troisième. Mon côté titi parisien, mon accent bien de chez nous ravissaient les Britanniques qui vantaient en moi « the sauciest smile in Paris », le sourire le plus effronté de la capitale. Ma carrière d'artiste fut Outre-Manche somme toute beaucoup plus brillante qu'en France et ma vie sentimentale y connut des moments charmants.

Les hommes venaient m'applaudir au théâtre, me voyaient au cinéma, dans des magazines, m'envoyaient des bouquets, des lettres enflammées, des invitations à dîner, qu'il me plaisait d'accepter ou de refuser. C'était un peu fou, tout à fait grisant.

Jamais je n'eus de coup de cœur pour un comédien ; je craignais qu'une fois le rideau tombé, les feux de la rampe éteints, le maquillage ôté, ils ne perdent de leur magie et redeviennent comme tout le monde. Jamais je ne fis valoir mes charmes auprès d'un producteur pour décrocher un rôle. J'avais suffisamment navigué dans ce métier pour savoir que ou vous êtes le personnage ou vous ne l'êtes pas. Et vous n'y changerez rien. Les producteurs sont les gens les plus sérieux du monde pour une raison bien simple : c'est leur argent qui est en jeu.

J'étais encore à l'Olympia quand Darryl Zanuck, le président de la Twentieth-Century-Fox (il avait lancé Marilyn Monroe) me fit convoquer par son directeur de production :

— M. Zanuck vous a vue sur scène, il doit tourner à Paris un film tiré du roman de Hemingway, *Le soleil se lève aussi* avec Tyrone Power. Il y a un rôle pour une Française. Voulez-vous venir à Hollywood faire les essais ?

Je sautai sur l'occasion, folle de joie. Le prestige d'Hollywood sans avoir à m'expatrier. Une semaine plus tard, j'arrive à Los Angeles, fais mon bout d'essai, reçois mon contrat signé. A minuit, le téléphone sonne. C'était Bella Darvi, au sommet de l'exaspération :

— Ce rôle est pour moi, c'est moi qui l'aurai, crie-t-elle dans l'appareil.

Le lendemain, je me précipitai chez le directeur de production :

— Il n'en est pas question, elle n'est pas le personnage, me répondit-il. M. Zanuck en est amoureux fou, il lui donnera ce qu'elle veut, des robes, des bijoux, mais le rôle, sûrement pas.

Il ajouta cependant, l'air sincèrement désolé :

— Mais, si Mme Bella Darvi fait une fixation sur vous, il vaut mieux que vous renonciez à votre contrat ; connaîtriez-vous quelqu'un pour vous remplacer ?

Je pensai à Juliette Gréco, je l'avais vue à la Rose Rouge. C'est ainsi qu'elle eut et le rôle et la place de Bella dans le cœur de Zanuck.

A Paris, je retrouvai Christiane. Notre grande joie était de dîner, moulées dans de petits tailleurs cintrés, de ravissants bibis perchés sur la tête, au Berkeley, avenue Matignon. Les soirs d'opulence, nous traversions la rue pour prendre le dessert à l'Élysées Matignon. Il ne fallait en aucun cas passer inaperçues. Nous avions vingt, vingt-deux ans, nous nous savions jolies, Paris était vraiment une fête. Nous développions en riant une philosophie de l'existence très personnelle que nous avions puisée dans un film ; on y voyait Dany Robin amoureuse d'un fleuriste. Elle rencontrait un monsieur très riche aux tempes argentées, et, affreux dilemme, ne savait plus s'il fallait vivre d'amour et d'eau fraîche ou d'hommages et de champagne. Je revois la scène finale : au pied de l'ascenseur d'un grand hôtel, Dany Robin hésite. Rester sur le palier avec son jeune soupirant, ou s'élever dans les étages avec son séducteur ? That is the question. « Lift, lift », encourageait le groom, « Montez, montez ! ». « Lift » devint notre mot de passe. Nous étions bien décidées à ne pas laisser partir l'ascenseur sans nous.

Mon premier amour sérieux fut très riche et très anglais. C'était au Festival de Cannes en 1955. Je venais de terminer *Girls at sea* et représentais le cinéma britannique. Les vedettes étaient logées au Carlton ou au Majestic, j'avais droit aux charmes écaillés de quelque « Hôtel des flots » relégué au bout de la Croisette.

Le jour du gala, l'organisateur du festival, Georges Cravenne, m'avait recommandé d'être à l'heure. Mon film n'était pas un chef-d'œuvre digne d'être présenté, mais il fallait que le groupe des starlettes fût là pour le grand jeu. A sept heures, je sors de mon hôtel en grande robe du soir à décolleté pigeonnant. La circulation est intense, impossible de trouver un taxi. Prendre un bus ainsi vêtue ? Il ne fallait pas y songer. Maniaque de l'exactitude, je me résignais mal à être en retard.

Au feu rouge, j'aperçois un jeune homme dans

une vieille guimbarde décapotable : « Vous n'iriez pas par hasard vers le Palais du Festival ? » Avec un fort accent anglais, il m'invite à monter. Et nous commençons à discuter : il était sympathique, un grand garçon blond, de mon âge, des yeux bleus, de larges épaules, habillé au « décrochez-moi ça » comme la plupart de ses compatriotes. Je lui propose de m'accompagner au gala :

— Je vais essayer de vous avoir une invitation.

Il arrête sa voiture, descend galamment m'ouvrir la portière. Une nuée de photographes nous entoure, nous mitraille de toutes parts. Depuis trois jours, j'essayais en vain de mobiliser l'attention : radieuse mais perplexe, je me demande avec quelle vedette on me confond. Quand Pascale Roberts, la future femme de Pierre Mondy, me prend par le bras :

— Dis donc, tu sais les choisir.

Je haussai les sourcils, candide.

— Ne me dis pas, reprit-elle, que tu ne sais pas avec qui tu es ?

Mon chevalier du soir était Lance Callingham, le fils de la richissime et excentrique Lady Docker qui venait de défrayer la chronique en se faisant interdire au casino de Monte-Carlo. La rumeur disait qu'elle avait gagné trois millions à la roulette, en exigeant qu'un croupier chevelu se tienne à son côté : elle passait la main dans cette crinière-mascotte avant de jeter des plaques de 10000 francs sur les numéros de la dernière douzaine. C'était donc Lance qui intéressait les photographes. Inutile de dire que je n'ai plus quitté mon chauffeur improvisé.

La richesse et la puissance me fascinaient. Il y a des femmes qui tombent systématiquement sur le plombier, moi je ne me suis jamais rendue à un dîner sans rencontrer un héritier.

Lance m'invita à déjeuner sur le yacht de sa mère, le *Shemara,* un équipage de soixante-quinze marins, l'un des plus grands bateaux du monde. Dans l'immense salle à manger couverte de boiseries, nous prîmes le repas en tête-à-tête, servis par un maître d'hôtel. Je n'étais plus passagère clandestine, ce n'était plus du cinéma.

Lance m'introduisit dans un nouveau monde où il y avait des principes, des traditions, une manière de dire bonjour, de s'asseoir. Un monde qui vivait différemment. Un monde qui n'était pas fait de stuc, de dorures et de décors branlants, où l'argent était roi mais où l'on n'en parlait pas.

Mon travail m'appela à Londres où, auréolée par la carrière (pas vraiment internationale !) de *Girls at sea,* je recevais de nombreuses propositions de producteurs anglais. Le soir de mon arrivée, le chargé de relations publiques me conseilla, pour asseoir mon image, d'accepter un reportage soit en compagnie de Sammy Davis Jr. soit avec le duc de Bedford. Je choisis le second. Rendez-vous fut pris au Dorchester, un palace londonien. J'entre dans le hall, tombe sur un grand maigre à lunettes... accompagné d'une vache ! C'était bien le duc : il voulait profiter de cette séance de photos pour faire la publicité de son élevage. Je fuis épouvantée sans même saluer l'original : poser avec un duc, d'accord, mais pas avec une telle rivale.

Le lendemain, Lance me téléphone pour m'inviter à dîner au Club des Ambassadeurs tenu par John Mills, l'équivalent en Angleterre de Régine en France. Un décor somptueux: « Tiens, dis-je ingénument, c'est tout à fait le genre d'endroit que j'aimerais habiter ». Il m'apprit que c'était un ancien hôtel Rothschild. Pas loin de nous, la princesse Margaret regardait amoureusement un bel officier du nom de Townsend. Près de la cheminée, je reconnus mon duc, sans sa vache cette fois, mais avec une bien jolie Française: une certaine Nicole Millinaire, quelques années plus tard duchesse de Bedford.

Lance me comblait de cadeaux, Lance m'aimait, Lance voulait m'épouser. Il ne jouait pas, ne buvait pas, il était la gentillesse et la simplicité mêmes. Restaient deux obstacles à lever avant de convoler en justes noces, son eau de toilette, écœurante à souhait, et la présentation à Belle-Maman, à rencontrer de préférence pas trop tard dans la matinée. Une femme excentrique et fantastiquement drôle.

Le premier déjeuner auquel je fus conviée dans la propriété familiale m'étonna. J'étais assise en face d'une sorte d'armoire à glace, qui tranchait nettement avec les autres invités. Lance leva le mystère: sa mère s'était encore fait voler ses bijoux. Les assurances, lasses de ses imprudences, refusaient désormais de couvrir le vol. Pour retrouver ses joyaux, elle s'était donc attaché les services d'un gangster célèbre, numéro un de la mafia anglaise: il est toujours plus sûr de faire travailler les gens du métier...

Lady Docker, « Nora » pour les intimes, m'agréa

pour belle-fille. On célébra les fiançailles à la campagne en l'absence de mes parents qui craignaient de n'être pas à l'aise. Je n'insistai pas, sans me réinventer pour autant une famille plus bourgeoise à l'usage de cette « high society ». Je n'étais pas fille de duc, n'importe qui pouvait s'en apercevoir. Je n'ai jamais truqué, ni menti sur moi-même. J'arrivais telle que j'étais : on m'acceptait ou on me refusait.

Quelques semaines avant le mariage, nous nous mîmes en quête d'un appartement à Londres et de ce qu'il fallait pour le meubler. Un après-midi, nous entrâmes chez l'antiquaire préféré de Lady Docker : elle était là, elle jaugeait, elle écartait, elle choisissait : « N'est-ce pas ravissant ? » Et, sans me laisser le temps de répondre, elle lançait : « Vous le ferez livrer à cette adresse. »

Je nous vois encore sur le trottoir, Lance, sa mère et moi, nous dirigeant vers le chauffeur qui nous attendait non loin de là. Tout est allé très vite dans ma tête. Je savais être docile, mais accepter que ma vie soit totalement gérée par cette femme ! Je retrouvais mon instinct de chaton inquiet. Je fis quelques pas avec mon fiancé, je lui pris gentiment les mains : « Lance, ne m'en veux pas, mais je ne crois pas être la femme qu'il te faut. » Et, plantant ma milliardaire interloquée, je partis à pied. J'ai marché longtemps au hasard des rues, les yeux brouillés de larmes, j'avais une profonde tendresse pour Lance. Mais ma décision était irrémédiable : devenir une femme riche ne valait pas d'abdiquer ma liberté.

Ces fiançailles rompues, je me relançai dans le travail. J'avais à l'époque abandonné le théâtre pour le cinéma. En France, à vrai dire, je n'eus jamais de grands rôles dans de grands films, j'étais plutôt une héroïne de série B. Dans *Les Grandes familles,* on me confia tout de même un rôle important, celui de la maîtresse de Pierre Brasseur qui partageait la vedette avec Jean Gabin. Ce fut l'unique chef-d'œuvre recensé parmi les trente ou quarante films au générique desquels j'apparus. Toujours est-il que de 1955 à 1960 je n'arrêtai pas de tourner.

Il m'arriva d'être sur trois films à la fois. Le matin, sur le plateau de Billancourt, j'étais danseuse aux côtés de Zizi Jeanmaire dans *Folies-Bergère,* mis en scène par Henri Decoin. Puis, je sautais dans un taxi pour me rendre à l'autre bout de Paris, aux studios d'Épinay : dans *En effeuillant la marguerite,* j'incarnais un jeune mannequin qui disputait à Brigitte Bardot le cœur de Daniel Gélin. En fin d'après-midi, je regagnais Billancourt pour y jouer le rôle d'une prostituée dans *Au long des trottoirs* de Léonide Moguy.

Les journaux parlaient de moi comme de « l'ingénue gavroche du cinéma français ». J'aurais adoré jouer les gourdes sexy, les vamps innocentes à la Marilyn Monroe ou tenir des rôles comiques comme Judy Holliday, rencontrée à New York, que je trouvais irrésistible. Nous n'étions pas, hélas ! en Amérique.

Soyons francs : le cinéma n'était qu'un marchepied. J'adorais ce métier, il convenait à merveille à mon côté exhibitionniste. Mais je n'avais pas le tempérament d'une artiste capable de se glisser dans la peau de n'importe quel personnage.

J'incarnais généralement, ainsi que me l'avait conseillé Marc Allégret, des rôles légers qui me ressemblaient. Mon style, c'était : *En bordée* avec Philippe Clay et Pauline Carton qui contait les aventures héroïco-burlesques de deux matelots en lutte contre les gangsters, et *Cigarettes, whisky et petites pépées* où je retrouvais Annie Cordy, plutôt que les drames psychologiques et les films à thèse. Je débutai avec les plus grands comiques. Darry Cowl, dans un film de Berthomieu, *Cinq millions comptant.* Fernand Raynaud dans *Fernand Cow-Boy,* pour lequel il nous fallut en prévision d'une cavalcade effrénée nous entraîner sur un cheval à ressorts faute de savoir monter. Le jour où l'on nous mit sur de vrais canassons, nous fîmes de telles chutes que, cabossés de partout, nous cédâmes la place à des doublures.

De Louis de Funès, qui figurait pour la première fois en tête de générique dans *Comme un cheveu sur la soupe* d'Yvan Audouard, je garde l'image d'un clown triste et le souvenir d'une ravissante robe en soie gâchée : un photographe m'avait aimablement poussée dans l'eau pour prendre son cliché. C'était presque une habitude pour assurer la promotion d'un film ; cependant, sur le plateau de Saint-Maurice, la piscine qui représentait la Seine était un cloaque. Je ne crains pas les plongeons tout habillée, mais la chose informe qui en sortit m'avait coûté une petite fortune.

La plupart de mes rôles étaient légers, légers, mais peu déshabillés : aussi, quelques années plus tard, *Et Dieu créa la femme* avec Brigitte Bardot en tenue d'Ève fit-il scandale. A deux reprises, c'est vrai, je révélai mes charmes mais dans l'anonymat le plus strict. Une fois dans *Caroline Chérie* pour un cachet royal de 25 000 francs anciens, jé doublai Martine Carol que l'on voyait se déshabiller en contre-jour. La seconde fois, je prêtai ma poitrine à un autre buste célèbre, dont je préfère aujourd'hui taire le nom par peur des représailles.

C'est une fois de plus Eddie Constantine qui me fit obtenir mon seul rôle de composition dans *L'homme et l'enfant* de Raoul André. Juliette Gréco, une commerçante eurasienne, était soupçonnée d'utiliser ses flacons de parfum pour écouler des stupéfiants. Elle détournait la menace en m'accusant, et pour m'arracher des aveux me frappait jusqu'au sang armée d'une ceinture en crocodile : « La scène la plus audacieuse de l'année » s'exclamaient les journaux, un peu choqués — nous étions en 1956 ! Je devais paraître méchante, hypocrite : je faisais des efforts désespérés pour prendre un masque de Gorgone, mais très vite, ma bonne bouille reprenait le dessus. Je ne fus jamais aussi mauvaise que dans ce film.

Dans la rue, on m'interpellait : « Un autographe, mademoiselle Tallier. » Je ne refusais jamais, j'adorais être reconnue. Il n'y a pas longtemps encore, un douanier m'arrêta à l'aéroport :

— Nadine ! Vous ne faites plus de cinéma ?

Je ne l'avais jamais rencontré, mais il avait raison de m'appeler Nadine, car les comédiens font partie du domaine public. Mon mari m'accompagnait, je l'ai regardé en souriant, et j'ai répondu :

— Non, je me suis mariée, j'ai eu un enfant.

A Tel-Aviv, le mois dernier, une dame plus toute jeune me tombe dans les bras : « Mais vous ne seriez pas... Mais oui, c'est vous, Nadine Tallier, l'idole de mes quinze ans. » Je l'ai regardée. Tout à coup, j'ai eu l'impression d'en avoir cent...

Autre luxe, les voyages. Georges Cravenne, président d'Unifrance-Films, organisait des festivals dans le monde entier pour représenter le cinéma français. Les vedettes du moment, François Périer, Jean Marais, Maurice Ronet, Dany Robin ou Martine Carol, étaient très sollicitées. Sans prétendre égaler ces têtes d'affiche, j'étais un pion important de l'organisation parce que toujours prête à partir. Je n'ai pas changé : j'aime goûter aux joies sédentaires, profiter de mes maisons, et puis soudain, sans crier gare, en trois minutes être prête pour le grand départ vers la Terre de Feu ou le Kamtchatka. Durant ces années, j'ai dû faire trois fois le tour du monde, j'ai sillonné l'Europe, les Amériques, l'Indonésie, la Malaisie. Toujours, je jouais les bouche-trous avec joie : en octobre 1956, à la première londonienne de *En effeuillant la marguerite,* je remplaçai Brigitte Bardot, clouée au lit par une otite. Garde d'honneur, banquet, rien n'avait été oublié ; ce n'était pas prévu pour moi mais que m'importait.

Au cours de tous ces voyages avec Unifrance-Films, je rencontrai les plus grandes vedettes —

qui étaient aussi de grandes séductrices — Zsa-Zsa Gabor, Ava Gardner, Rita Hayworth, Jayne Mansfield, Nadia Gray, Martine Carol, Danielle Darrieux. Je les voyais à l'œuvre et je réalisais qu'être femme est un vrai métier quand on l'accomplit sérieusement. Bien plus tard, lorsque j'ai connu Jacqueline Kennedy, j'ai mieux compris son pouvoir d'attraction. L'homme auquel elle s'adresse devient le plus merveilleux, le plus beau, le plus intelligent, le plus spirituel. Elle fait de lui l'être le plus important de la terre et c'est la première recette de la séduction. Quand on joue de la flatterie, la corde n'est jamais assez grosse.

Mon goût des voyages faillit me coûter cher : en pleine guerre d'Algérie, je présentai la première émission de télévision à Alger, en compagnie de Jacques Brel et de Philippe Clay. Quelques minutes après que nous eûmes quitté le studio, improvisé pour l'occasion dans un cinéma de la ville, une bombe explosa, nous avions manqué d'être ensevelis sous les gravats.

Je m'embourgeoisais. Il y avait déjà plusieurs années que j'avais quitté ma petite chambre du boulevard Gouvion-Saint-Cyr pour m'installer à Neuilly où j'accumulais des souvenirs de mes voyages, quelques beaux meubles anglais, une soubrette à mi-temps et des fleurs partout. Je quittai ensuite la rue de Villiers pour un immense appartement boulevard Malesherbes : je commençais à regarder les beaux tableaux, les livres, les objets d'art, tout ce qui fait le charme d'une maison bourgeoise. L'argent que je gagnais était judicieusement placé. « Elle a, disaient les reporters qui m'interviewaient, ce qui manque à la plupart de ses consœurs : une tête solidement posée entre ses deux jolies épaules. »

« Lift ! Lift ! » : mon slogan était plus que jamais d'actualité. Pas question de rétrograder. Dans cette ascension rapide, je n'emmenais que ceux qui pouvaient me suivre : les anciennes amies restaient sur le palier. Je n'avais même pas de sacrifices à faire : les gens s'éliminaient peu à peu, nous n'avions plus la même vie, plus les mêmes sujets de préoccupation. Je ne reniais pas Puteaux, ni les caracos de ma grand-mère : ils m'avaient faite telle que j'étais. Le passé est comme les rides, on ne lui échappe pas.

En France, l'ambition est tabou, tout comme l'argent. Dommage : c'est la seule chose qui fasse bouger les gens, la seule chose qui les oblige à se remettre en question. J'étais ambitieuse, mais pas à n'importe quel prix. Je restais maîtresse de mon existence : ma liberté, c'était mon travail. Je travaillais, même si les gens dans ce métier ne me plaisaient pas toujours, je travaillais sans jamais regarder l'heure. Jamais je n'ai eu la tentation de m'arrêter.

J'ÉTAIS assise sur mon lit en train de vernir soigneusement mes ongles ; l'une de mes amies qui feuilletait un magazine à mon côté commenta tout haut l'actualité mondaine :

— Tiens, dit-elle, Edmond de Rothschild se marie.

J'appliquais à l'instant précis une couche de laque vermillon sur mon pied droit, et sans lever les yeux je répondis en riant :

— Dommage, c'est l'homme que j'aurais aimé épouser.

Une phrase bête lancée comme ça. Je n'avais pas la moindre idée de la tête que ce monsieur pouvait avoir. Je n'imaginais même pas qu'un Rothschild pût être jeune. Riche ? Sûrement, mais je ne savais rien du rôle que tenait cette dynastie dans la finance, l'industrie, ou l'histoire. Savais-je seulement qu'ils étaient juifs ? Non, vraiment, j'aurais pu avec la même légèreté regretter de ne pas avoir épousé le président de la République ou Gary Cooper.

Le destin vous adresse parfois de jolis clins d'œil. Mardi 20 janvier 1960 était mon jour de relâche. Après ma période de cinéma, j'étais revenue au Petit Théâtre de Paris dirigé par Elvire Popesco pour une reprise des *Chansons de Bilitis.* Jacques de Botton, un avocat de mes amis qui s'occupait généralement de mes contrats, m'avait demandé de l'accompagner à un dîner. Je n'aspirais qu'à dormir. Je décidai de me décommander.

Je connaissais le nom de la personne chez qui nous devions aller, je téléphone et tombe sur le maître de maison, Ben Jakober, aujourd'hui peintre à la mode, alors dans les affaires. Avant que j'aie pu dire quoi que ce soit, le voilà qui m'assure de sa joie de me rencontrer, il me précise l'heure, la tenue, l'adresse, l'étage. Je ne pouvais plus me dérober.

Je me rends au dîner. Des gens fort distingués, des écrivains, des hommes politiques, de grands industriels, un milieu que je connaissais mal. Je repère quelques têtes, Maurice Rheims, le commissaire-priseur, que j'avais déjà croisé. Je portais, je m'en souviens, une robe de satin rose, qui révélait avec subtilité ce dont j'étais le plus fière, ma poitrine et ma taille de guêpe. Toute fatigue envolée, je savoure le plaisir d'allumer dans l'œil des hommes une lueur d'intérêt. J'avais vingt-sept ans, ce n'était pas le moindre de mes talents.

Soudain, un monsieur que je n'avais pas encore

remarqué, œil bleu et petite moustache, m'adresse la parole : « Vous avez un bien joli diamant, mademoiselle, dommage qu'il soit faux. » Le pire, c'est que c'était vrai : comment ce diable d'homme le savait-il ? Il m'explique qu'il est administrateur de la De Beers, le plus puissant empire mondial du diamant, et connaît bien les pierres. Le tout dit sans forfanterie mais, au fond de moi-même, je trouvais cet Edmond de Rothschild — il s'était alors présenté — quelque peu impertinent. L'annonce de son nom ne m'avait pas fait défaillir : je n'étais plus la midinette qui débarquait dans les salons, dix ans d'hommages m'avaient rendue sûre de moi. Quant à ma déclaration prémonitoire de l'année passée — il s'agissait bel et bien du même homme —, je l'avais tout à fait oubliée ; ce n'est qu'après mon mariage que mon amie Nathalie me rappela l'anecdote.

A table, à ma droite je retrouve l'œil bleu et la petite moustache. Avant même de déplier sa serviette, il ouvre une boîte à pilules. Je risque un regard ; il y avait... son alliance ! Je me penche vers mon voisin :

— Monsieur, mon diamant est sans doute faux, mais votre alliance est sûrement vraie et je ne suis pas sûre que ce soit là sa place.

Il me regarde amusé :

— Vous avez raison, mademoiselle, ce genre d'anneau se porte généralement au doigt.

La glace était rompue : le dîner passa comme un éclair. Mon voisin avait des yeux rieurs, un large sourire découvrant haut les dents, une taille élancée, une désarmante affabilité. Il parlait facilement et je savais écouter. Je le jugeai plutôt sympathique mais je n'avais aucune idée derrière la tête : cet homme jeune (Edmond avait alors trente-trois ans) était marié, même si l'alliance remisée dans sa boîte faisait douter de la santé du ménage.

Après dîner, nous remontons pour le café — l'appartement était en duplex. L'œil bleu me propose d'aller boire un verre ailleurs. Je devais partir aux aurores le lendemain matin, je décline l'invitation et, avant que minuit n'ait sonné, telle Cendrillon je m'échappe.

Edmond partit en même temps que moi et m'accompagna jusqu'à mon carrosse, une petite Dauphine. Il faisait un froid sec et mordant, mais mon beau prince ne chercha pas à me prendre le bras. Nous marchions côte à côte, silencieux soudain. Il ouvrit la portière. Lorsque je fus assise au volant, il se pencha et me dit très vite d'un ton un peu brusque :

— Vous êtes la femme de ma vie, je tiens à vous le dire.

Il ne me laissa même pas le temps de réagir.

— Quand puis-je vous revoir ?

Je lui dis que je partais pour trois jours.

— Appelez-moi à mon retour.

Ce petit mensonge fut mon baroud d'honneur, ma seule et unique tentative de résistance — j'avais bien un déplacement prévu en province mais pour la journée seulement. Trois jours m'auraient permis d'y voir plus clair. Certes, bien des hommes me faisaient la cour, et ce genre de déclarations passionnées se dissipaient vite en fumée. Mais ce 20 janvier, quelque chose s'était passé, j'avais été frappée par une grande sincérité, notre conversation tout au long de la soirée m'avait révélé qu'il n'y avait dans cet être rien de superficiel.

Je n'eus pas à me torturer l'esprit longtemps : le mercredi en fin d'après-midi, tandis que je rentrais en coup de vent chez moi pour me changer avant le spectacle, le téléphone sonna, j'avais encore la clé dans la serrure. C'était lui :

— Vous êtes libre ce soir, après le théâtre, dit-il sur un ton qui ne souffrait pas le refus.

Drôle de soirée ! La bergère grecque avait la tête un peu dans les nuages. De retour dans ma loge, je troquai ma tunique à la mode de Périclès contre une robe en dentelle noire de chez Carven. J'accrochai deux jolis clips sertis de brillants — toujours faux — à mes oreilles, me repoudrai trois fois le nez, fis quelques essais de sourires dans la glace. En dévalant l'escalier, je faillis renverser le régisseur du théâtre : « Eh là, Nadine ! C'est le grand soir ? ».

C'était le grand soir. J'avais les pommettes roses, les yeux brillants, j'allais, c'était joué, faire chavirer son cœur. J'arrivai au restaurant : l'œil bleu était là, entouré d'une dizaine d'amis. On se poussa pour me faire de la place. Effet réussi : les hommes étaient émoustillés, les femmes un peu pincées, tout cela était du meilleur augure. Je cherchai le regard d'Edmond : il dégustait ses huîtres avec application, riait fort, ne s'occupait que de sa jolie voisine. A mon intention, rien, pas le moindre signe de reconnaissance. Il ne m'adressa pas la parole de la soirée. J'eus la tentation de me lever et de partir. J'étais troublée et désorientée. Était-il un technicien de la séduction ou un original sans manières ?

La bande décida d'aller prendre un verre chez Régine. Agacée, je résolus d'utiliser les mêmes armes que lui et fis mine ostensiblement de m'intéresser à mon voisin. Je n'eus pas longtemps à attendre. Alors que je me dirigeais vers la piste de danse, une main me saisit, me sépara de mon cavalier. Je me retrouvai dans ses bras : la vie de nouveau était belle, sublime ma robe de Carven. Au bout de ce premier slow, nous nous sommes éclipsés. Cela aurait pu n'être que folie d'une nuit, ce fut l'amour de ma vie.

Jamais je n'avais eu envie de vivre avec un homme. J'avais envie de vivre avec Edmond. Il s'appelait Rothschild. Et alors ? Il était riche ? Tant mieux ! Sur ce point, tout a été clair entre nous. Bien sûr, s'il avait été balayeur, je ne l'aurais pas regardé. Des puissants, j'en avais déjà croisés. Pour la première fois, je rencontrais un homme. Une personnalité que j'attendais depuis toujours. Un homme qui vous tranquillise, vous sécurise, qui n'a qu'une parole et qui pourtant vous échappe constamment. Un homme avec ses qualités et ses défauts plus grands que nature. Égoïste, égocentrique, mais dégageant une vraie chaleur. Brutal parfois, mais conscient de votre présence, attentif à votre être, et ne cherchant jamais à vous détruire. Macho comme pas un, supportant difficilement mon travail qui l'empêchait de me voir quand il en avait envie : au bout d'un an, j'ai fait un choix que je n'avais encore jamais voulu faire, je cessai de travailler.

C'était le grand bond et sans filet : je prenais tous les risques, moi qui, depuis des années, acharnée à réussir, n'avais jamais voulu en prendre. Je gravissais échelon après échelon, lentement et sûrement. Les revers de fortune, je les laissais aux gens qui en avaient.

Je remettais mon sort entre les mains de cet homme. Sans lui, je retombais à zéro. J'avais fait table rase de mon passé, découragé mes soupirants, refusé depuis des mois tous les rôles. J'étais devenue sa geisha. Car, à aucun moment, je ne pensais qu'il m'épouserait.

Nos échanges étaient passionnés. Je ne voyais pas la vie sans lui, il ne pouvait se passer de moi. On ne parlait pas au futur. La pénombre de la clandestinité nous convenait, mais Dieu qu'elle était difficile à garder ! Pour notre premier Noël, Pierre Sciclounoff, grand avocat suisse et vieil ami d'Edmond, avait mis à notre disposition à Genève un charmant et discret appartement sous les toits. Notre incognito ne fit pas long feu : Edmond en voulant allumer l'arbre de Noël provoqua, je ne sais trop comment, un incendie. Ce qui nous valut de passer cette soirée supposée intime avec tous les pompiers de la ville !

Nous avons vécu trois ans, sans que jamais Edmond me laissât espérer le moindre changement. Un soir, nous étions en train de dîner, je lui trouvais l'air préoccupé, absent. Je le pressai de me dire ce qui n'allait pas. Il me regarda avec une tendresse voilée de tristesse :

— Nadine, je t'aime et tu resteras toujours la femme de ma vie. Mais mon divorce sera bientôt prononcé, je ne peux rester ainsi, sans personne pour s'occuper de mes maisons, sans personne à mes côtés pour recevoir. Il va me falloir épouser une jeune fille de la bonne société juive.

Je n'ai pas bronché : j'étais bien forcée d'admettre que je n'étais pas la femme idéale, je n'étais ni juive, ni riche, et j'avais — un comble — navigué dans les eaux troubles du théâtre et du cinéma. Quoi qu'il en soit, il n'aborda plus jamais le sujet.

Nous avions quitté le boulevard Malesherbes pour un charmant appartement à deux pas de la Muette, rue du Conseiller-Collignon. Un 11 novembre, alors qu'il rentrait de la chasse, il me dit cette fois de fort belle humeur : « Il est grand temps que nous fassions un enfant. » Ce fut une belle façon de fêter la Victoire.

Mais ma vraie victoire, je la remportai quatre mois plus tard. Il arriva du bureau, les bras chargés de pivoines roses, les premières fleurs qu'il m'offrait en trois ans de vie commune. Il les déposa sur mes genoux, se pencha pour m'embrasser le front et me dit l'air détaché :

— Que dirais-tu d'une bague que tu porterais tous les jours de ta vie ?

Et sérieux, soudain :

— Mademoiselle Nadine Tallier, j'ai l'honneur de vous demander votre main.

Incapable de bouger, une boule dans la gorge, en l'espace d'une seconde, j'ai vu défiler ma vie ; je me suis demandé si je serais assez forte pour ne pas décevoir cet homme exigeant. J'étais heureuse et effrayée. J'avais presque envie de lui dire : « Tu sais, tu n'es pas obligé. »

Sa main est venue se poser sur la mienne. Je n'avais rien à craindre, lui savait où nous allions. Nous nous aimions d'un immense amour. J'ai dit oui. Ou peut-être n'ai-je rien répondu du tout, car il n'y avait pas de réponse à donner. Pour Edmond, je portais son enfant, j'étais sa femme, une évidence qu'on ne pouvait nier.

Il savait que j'étais la compagne qu'il lui fallait. « 98 pour 100 des gens survivent, se plaisait-il à dire, 2 pour 100 existent vraiment, ce sont ceux-là que j'aime car pour eux demain ne ressemblera jamais à hier. » Il y avait des femmes plus belles, plus intelligentes, plus raffinées : moi, j'existais. J'avais bataillé pour m'en sortir, j'avais encaissé quelques mauvais coups, reçu quelques bleus à l'âme, mais ça ne m'empêchait pas de dévorer la vie à belles dents ; ma seule morale était celle de l'effort et du travail. Cet homme, je pouvais le comprendre. J'étais de sa race.

Pas de son milieu, mais il s'en fichait. A sa manière, aussi étrange que cela paraisse, c'était un marginal...

Il était une fois une petite fille à la frange rousse et aux jambes maigres qui tenait à Puteaux dans le fond d'une ruelle ses conseils de guerre. Il était une fois un petit garçon aux cheveux bouclés qui habitait un pavillon tout au fond du parc d'un grand château de pierre claire sur les bords du lac Léman : il était juif, apatride, c'était la guerre, la vraie, et sa mère avec qui il vivait — ses parents étaient divorcés — n'avait alors pour vivre que très peu d'argent. De Nadine et d'Edmond, en cette année 1940, il n'est pas sûr que le plus heureux ait été le second.

Edmond ne me posait pas de questions sur ma famille, je voulais tout savoir sur la sienne. Il ne se préoccupait pas de mon passé ; je le poussais à me raconter tout ce qu'il avait fait, tout ce qui l'avait fait. Ce n'était pas une enquête mais une curiosité sans cesse en éveil. Il me fallait connaître jusque dans ses détails une histoire où mon enfant aurait sa part.

En juin donc de cette année 1940, Maurice de Rothschild, le père d'Edmond, avait en tant que sénateur voté contre Pétain ; par le tribunal de Riom, il fut condamné à la prison à perpétuité et déchu de la nationalité française, ainsi que ses cousins Édouard, Robert et Henri. Edmond qui, au moment de la défaite, était à Megève avec sa mère, perdait automatiquement à treize ans sa qualité de Français : on pouvait, bien sûr, lui fabriquer de faux papiers, mais il y avait toujours le risque d'une dénonciation et celui de voir la Haute-Savoie bientôt occupée. Prudemment, ma belle-mère décida le 28 juin de gagner — en car, puisque sa Voisin était réquisitionnée — la Suisse où son ex-mari avait reçu en héritage de sa tante Julie de Rothschild [1], la superbe propriété de Pregny.

Le château était fermé, impossible à chauffer. Edmond et sa mère s'installèrent dans une petite maison proche de la grille d'entrée avec la gouvernante, Mlle Catherine Pfeiffer, qu'Edmond avait rebaptisée dès qu'il la vit « Annecy », car il retrouvait dans ses yeux clairs la couleur de ce lac qu'il aimait. Le trio, pendant ces années de guerre, n'eut d'autres moyens de subsistance que les quelques fonds que Maurice de Rothschild, réfugié

1. Petite-fille du second fils de Mayer Amschel Rothschild, fondateur de la branche autrichienne, la baronne Julie épousa son oncle Adolphe, le dernier des Rothschild de Naples, le fils du quatrième frère Carl. Sur les douze mariages contractés par les fils des cinq frères de Francfort, neuf le furent avec des filles Rothschild. On avait l'esprit de famille...

politique à Nassau puis au Canada, avait laissés pour l'entretien de la propriété.

La situation matérielle de ce dernier n'était alors pas plus brillante. Il vivait difficilement sur les subsides envoyés d'Angleterre par son frère James ; après l'entrée en guerre des États-Unis, il s'installa à New York.

Maurice s'était jusque-là plus soucié de dépenser son argent que d'en gagner et Dieu sait s'il en avait puisqu'il était l'héritier unique, par sa mère Adélaïde (née Rothschild elle aussi !) de la branche autrichienne de la famille. Jeune homme élégant et plein d'esprit, l'été à Marienbad, l'hiver à Saint-Moritz, il n'éprouvait guère le besoin de travailler, préférant au charme des bureaux de la banque familiale son écurie de courses, les chasses en Inde et la fréquentation des plus jolies femmes de Paris. Après la guerre de 14-18 (il avait été versé, grâce à sa parfaite connaissance des milieux internationaux, à l'état-major anglais), il céda aux pressions de sa femme, Noëmie Halphen, et de ses amis qui lui reprochaient sa vie facile, et se lança dans la politique, un autre moyen très sûr de dilapider sa fortune.

Député des Hautes-Pyrénées jusqu'en 1925, le baron Maurice fit à Tarbes un excellent travail. Battu par Achille Fould, le cousin de sa femme (dont le fils Aymar, parlementaire lui aussi, devait quitter Tarbes et devenir député du Médoc), il se présenta l'année suivante en 1926 comme sénateur... dans les Hautes-Alpes cette fois ! Un parachutage qui ne fut pas du goût de tout le monde : son élection fut invalidée. Un mois plus tard, il était honorablement réélu.

Cette année-là, sa femme lui donna un fils. Un véritable événement car la branche cadette des Rothschild n'avait jusqu'alors aucun descendant.

On appela tout naturellement l'enfant, Edmond, du nom de son grand-père, âgé de quatre-vingt-un ans.

Ce digne vieillard était le quatrième fils de James de Rothschild, fondateur en 1815 de la branche française. James le travailleur infatigable, James le fastueux, James le dictateur bourru et irascible. Lorsqu'il meurt en 1868, à quarante et un ans, c'est Alphonse, son fils aîné, qui lui succède à la tête de ses affaires. Le grand-père de mon mari n'en a alors que vingt-trois ; il ne se mêlera guère à la vie quotidienne du bureau, bien qu'en théorie, selon la devise *Concordia, industria, integritas* (Entente, travail, intégrité), tous les fils Rothschild fussent appelés à travailler dans les affaires de famille.

Poussé par sa femme Adélaïde, une Rothschild de Francfort élevée dans un milieu très religieux et traditionaliste, presque dans une ambiance de ghetto du fait de l'antisémitisme local, il s'intéressera au judaïsme et s'orientera vers des actions philantropiques.

Mais étrangement, c'est en impliquant le benjamin dans leurs affaires que ses frères l'aiguilleront vers sa vraie vocation. Dans les années 1870, Edmond est envoyé sur la mer Caspienne, pour y inspecter les puits de pétrole qu'exploite à Bakou la famille en association avec des Juifs russes.

Alphonse, l'aîné, parie à fond sur le développement de la lampe à pétrole : on expédie déjà, à dos de chameau, des tonnes du précieux liquide, enfermé dans de grandes boîtes carrées en fer-blanc, vers la Chine, le plus grand consommateur de l'époque.

Le baron Edmond voyage en chemin de fer, il a des yeux, des oreilles, et un cœur qui s'émeut devant la violence des pogroms en Russie. Il s'acharnera désormais à convaincre Alphonse et Gustave qu'il est indigne pour des Juifs de continuer à collaborer avec l'empire des tsars, et qu'en outre une explosion sociale à plus ou moins long terme est inéluctable. Les Rothschild vont donc céder les actions qu'ils détiennent dans les puits de pétrole de Bakou à une compagnie hollandaise qui possède des intérêts en Roumanie et dans les Indes néerlandaises, en échange de titres de ladite compagnie. Son nom ? La Royal Dutch ! Les Rothschild, par la même occasion, cesseront d'être les agents du tsar en France pour le placement des emprunts russes. Moins d'un demi-siècle plus tard éclatait la Révolution. Comme quoi, chez les Rothschild, tout paie, même les bonnes actions !

En 1881, l'assassinat du tsar Alexandre II relance les pogroms (les conjurés s'étaient réunis dans l'appartement d'une jeune fille juive). Soupçonnés de vouloir abattre la monarchie, les Juifs sont victimes de mille injustices, leur accès aux écoles secondaires et aux universités est étroitement limité, la pratique de certaines professions, comme celle d'avocat, leur est interdite. En six mois, 225 000 familles juives quittent la Russie et commencent à rêver de la terre promise, la Palestine.

Sollicité pour aider à la réalisation de ce projet, le baron Edmond répond présent : il rêve de restaurer le judaïsme sur la terre des Ancêtres. Il a cependant l'enthousiasme prudent : ces Juifs russes, habiles dans le commerce et la finance, pourront-ils se transformer en agriculteurs ? Le baron en sélectionne une douzaine, il les envoie dans une école d'agriculture près de Jaffa. Une fois le test réussi, il se rend à Constantinople et achète aux Turcs des terres où s'installent les premières colonies juives jamais fondées en Palestine. Jusqu'à sa mort, un demi-siècle plus tard, il se consacrera désormais à cette mission.

Agissant d'abord dans un anonymat qui bientôt ne devait plus faire illusion, le « Généreux Bienfaiteur », « Hanadiv Ha-yadua », assainit les marais, creuse des puits, construit des maisons, crée des industries, de l'usine de parfums à celle de verre soufflé ; il établit sa propre administration sur la Palestine, engage des inspecteurs chargés de surveiller les récoltes. Autrefois fertiles, ces terres étaient redevenues, sous l'administration turque, un vaste désert. Le baron Edmond verse 70 millions de francs-or, plus que toute la diaspora réunie, qui permettent d'acheter 50 000 hectares de terres et de faire refleurir ce désert.

Reconnaissance oblige : sur les billets de 500 shekels israéliens, on reconnaît aujourd'hui le « Généreux Bienfaiteur » promu de même que Theodor Herzl, Chaïm Weizmann et David Ben Gourion, père fondateur de l'État d'Israël.

Après la naissance presque inespérée de leur fils (mes futurs beaux-parents étaient mariés depuis dix-sept ans), le couple se disloqua. Opposition de deux tempéraments peut-être mais, au-delà, de deux traditions familiales.

Les Rothschild, par leur caractère comme par la nature de leurs activités — négoce et finance internationale — ne s'étaient jamais véritablement intégrés à la société française (le baron James, banquier de Louis XVIII, de Charles X et de Louis-Philippe, Grand-Croix de la Légion d'honneur, mourut apatride, il refusa toujours de se faire naturaliser).

La famille Halphen dont venait ma belle-mère se sentait, au contraire, tout en étant israélite, française à 100 pour 100. Elle appartenait à cette bourgeoisie fortunée qui, installée depuis des lustres à Bordeaux ou dans le Comtat Venaissin, s'était dirigée vers les professions libérales ou l'armée (un peu moins facilement vers la médecine, l'inspection des finances ou les Affaires étrangères où leur accès était limité par un numerus clausus).

Le grand-père maternel d'Edmond, le commandant Jules Halphen, était entré à l'École polytechnique juste après la guerre de 1870 pour y faire une carrière militaire et reconquérir l'Alsace-Lorraine. Un jour, le ministère de la Guerre convoque cet officier d'artillerie, commandant du Fort de Vincennes, qui parle couramment l'anglais, l'allemand et le chinois, pour lui proposer un poste de responsabilité au Deuxième Bureau, le Service de renseignements français. Il consulte sa femme, elle se montre résolument hostile à cette mutation. Son petit dernier, Jacques, maladif depuis sa naissance, ne saurait supporter la vie de Paris : « Mon ami, dit-elle à son mari, si vous prenez ce poste, vous serez responsable de la mort de votre fils. »

Le commandant Halphen refuse donc et propose à sa place un camarade de promotion de l'X : un certain Alfred Dreyfus, issu lui aussi de la bonne bourgeoisie israélite. En 1894, quelques années plus tard, éclatait « l'Affaire ». N'eût été l'âme tendre d'un père, la France aurait peut-être fait l'économie d'une grave crise morale et politique... A moins que le commandant Halphen n'eût lui aussi servi de bouc émissaire !

La grand-mère maternelle de mon mari, née Pereire, appartenait à une grande famille bordelaise venue, comme les Halphen, d'Espagne via le Portugal. L'un de leurs lointains aïeux avait sous Louis XV acquis une grande notoriété en introduisant en France la première méthode d'enseignement des sourds-muets, et obtenu du souverain l'autorisation de construire le premier cimetière juif sur un terrain acheté à la Villette. C'est son petit-fils, Émile, un saint-simonien, qui fera de la famille Pereire une grande dynastie industrielle : engagé à vingt-deux ans par James de Rothschild en qualité de courtier, il convainc son patron de financer la construction de la première ligne de chemin de fer, de Paris à Saint-Germain-en-Laye. La ligne inaugurée en 1835, il crée les chemins de fer du Nord qu'il laisse aux Rothschild et obtient pour lui la concession des chemins de fer du Midi. Il créera encore d'autres entreprises, au rang desquelles la Compagnie générale transatlantique, avant de connaître une faillite retentissante, celle du Crédit Mobilier, banque d'affaires d'un type nouveau spécialisée dans les prêts à long terme aux industriels et dont les Rothschild avaient combattu l'établissement.

Comme en écho à cette lointaine querelle, deux familles, deux traditions, deux styles de vie s'affrontent : le faste Rothschild d'un côté, la rigueur Halphen de l'autre, d'un côté, un cosmopolitisme encouragé par la dispersion de la famille dans les capitales européennes, de l'autre un patriotisme étroitement hexagonal. Pendant la guerre de 1914, ma belle-mère transforme en hôpital l'hôtel de son mari, rue de Monceau, à l'exaspération de celui-ci, et lui chante interminablement les louanges de son frère Henri, vaillant cuirassier plusieurs fois décoré. Plus tard, mon beau-père, furieux d'avoir perdu son siège de député de Tarbes, reprochera à Jules Halphen d'avoir refusé de le soutenir financièrement auprès de la *Dépêche de Toulouse.* Petites rancœurs, petites aigreurs, qui ne sauraient suffire à expliquer cette chose inouïe : des parents poussant leurs enfants à divorcer, dès lors que la descendance était assurée.

Le baron Edmond et sa femme Adélaïde ne lésinèrent pas sur les moyens, ils établirent leur ex-belle-fille dans un fastueux hôtel de l'avenue du Bois à l'angle de la rue Leroux, tendu de damas bleu ciel, la couleur de ses yeux. Pour la servir, un maître d'hôtel, un valet de chambre, une femme de chambre, une lingère, un chef, un pâtissier, un chauffeur, Annecy et même une « undernurse » anglaise préposée au bain d'Edmond.

Là se passa l'enfance d'Edmond, petit prince d'un royaume de femmes composé de sa mère et de sa gouvernante ; la sœur du baron Maurice, Myriam de Rothschild, veuve sans enfant, venait souvent les voir. Ma belle-mère, grande dame, avait beaucoup d'allure et une foule de principes hérités d'une rigoureuse éducation. Le monde était pour elle divisé en deux catégories : les gens bien, ceux que la famille connaissait, et tous les autres, que la famille ne connaissait pas. Pas question de promener son fils au jardin public, alors que tout près, à Boulogne, se trouvait la propriété des grands-parents Rothschild. Chaque matin, et de nouveau chaque après-midi, le chauffeur y conduisait Annecy et Edmond ; il était à l'époque, si j'en crois les photos, un amour d'enfant aux cheveux blonds bouclés, aux yeux bleus ombrés de longs cils, habillé d'irrésistibles manteaux bleu marine de chez Maggy Rouff à col de velours et coiffé d'un petit feutre assorti. Pour le goûter, rite immuable, Edmond junior était convié au château par « grand-maman » Adélaïde qui lui offrait fraises des bois et macarons au chocolat avant de l'emmener donner du pain aux grands cygnes du lac.

Plus préoccupé par ses activités philantropiques et sa passion des arts et des sciences que par les enfants dont il avait toujours laissé la charge à d'irréprochables « nannies », le baron Edmond venait cependant jeter de temps à autre un coup d'œil attendri sur son petit-fils. C'était un vieillard magnifique, des yeux très bleus, une barbe blanche, une stature massive.

Une fois par semaine, Edmond rendait visite à sa grand-mère Halphen, une vieille dame extrêmement convenable et assez ennuyeuse, très imbue de son ascendance Pereire. En grand deuil depuis la mort de son petit Jacques, elle vivait recluse toutes fenêtres fermées dans un immense appartement de l'avenue Malakoff.

Edmond passait juillet à Houlgate car le climat y est tonique, août à Genève où il allait voir son père. Les vrais moments de détente, c'étaient les vacances d'hiver à Megève : ma belle-mère quittait enfin son carcan de femme de devoir, s'épanouissait vraiment.

Jusqu'en 1914, cette grande sportive avait skié avec son époux à Saint-Moritz. En 1916, désireuse de se reposer quelques jours de l'épuisante gestion de son hôpital, elle rencontre l'un de ses cousins, prisonnier sur parole en Suisse (pendant la première guerre, les officiers supérieurs pouvaient trouver des médecins pour démontrer qu'ils étaient allergiques aux barbelés). Elle s'installe ensuite dans un palace de Saint-Moritz où elle avait ses habitudes. L'hôtel est bourré d'Allemands. Elle s'en plaint au directeur qui prend très mal la chose (la Suisse n'est-elle pas pays neutre ?) et répand partout dans sa chambre des petits poulets : « Souvenez-vous des cinq frères de Francfort ! ». Exaspérée, la baronne Maurice demande à son professeur de ski, un Norvégien, de lui dénicher en France un lieu où skier en paix.

Et voilà, en pleine guerre, notre Norvégien qui se balade dans toutes les Alpes françaises, dresse des relevés topographiques, demande des cartes militaires, scrute le terrain et en 1919 déclare à ma belle-mère avoir trouvé deux endroits de rêve, l'un très beau mais difficile d'accès, Val-d'Isère, l'autre, moins enneigé mais plus accessible et très ensoleillé, Megève.

Noëmie de Rothschild opte pour Megève. En 1920, elle s'y rend pour la première fois, construit bientôt son chalet, la première remontée mécanique, et le premier hôtel, celui du Mont d'Arbois, très vite rejointe par des Russes, les Rosenthal — les rois de la perle — et par une troisième famille juive, celle du directeur du journal *Les Échos,* M. Schreiber. Étrange coïncidence : aujourd'hui, Benjamin, notre fils, est dans une université californienne avec le fils des Rosenthal et celui de Jean-Jacques Servan-Schreiber.

Le grand-père d'Edmond mourut en 1934, sa femme Adélaïde en 1935, la grand-mère Halphen en 1936. De 1934 à 1938, ma belle-mère porta le deuil et ne put recevoir. En 1938, ce fut Munich, en 39, la guerre : elle vola à Edmond son adolescence. A la Libération, il a dix-neuf ans, il était déjà trop tard pour préparer les Grandes Écoles. Sa mère était divorcée, on ne recevait pas dans ces conditions. Qui aurait-elle reçu d'ailleurs ? Sa famille et ses amis étaient morts en déportation. Ou ruinés. Ou reclus dans leurs châteaux de province. Ou plus simplement, sinistres à souhait. A cheval sur deux générations, Edmond était nettement plus jeune que ses cousins issus de germains, Guy, Alain et Élie.

Paradoxe, bien que Rothschild, Edmond n'avait pour ainsi dire pas de famille. Et, par le hasard des circonstances, il n'appartenait à aucun milieu. La seule « vie mondaine » qu'il eût connue — si l'on peut en avoir à dix ou douze ans ! — s'était déroulée près de Genève, au château de Pregny, où mon beau-père, sénateur, recevait lors de la session d'automne de la Société des Nations les grands ténors de l'époque : Robert Schuman, Paul Reynaud, Léon Blum ou encore Churchill et Anthony Eden. Après la guerre, Pregny se rendormit, car le baron Maurice était obsédé par une seule idée : reconstituer la fortune qu'il avait lui-même largement écornée avant que la guerre n'y fît des brèches sévères.

L'étonnante conversion du baron Maurice date de l'année 1942 : il a alors soixante et un ans ; aux États-Unis, il retrouve un certain train de vie et se rend compte qu'il est plus agréable d'être riche que pauvre ! Dès lors, il fréquente assidûment les milieux boursiers de New York, met en pratique un système très simple : il emprunte de l'argent à de faibles taux d'intérêt et achète en Bourse des matières premières qui, elles, rapportent gros. Il achète d'autant plus que les valeurs baissent ; quand elles montent, il les revend pour rembourser ses emprunts. L'entreprise était hasardeuse car il misait sur des matières premières à haut risque, pariant qu'à long terme le monde aurait toujours et de plus en plus besoin de minerai de fer, de cuivre, d'étain, de café et de sucre : c'est ainsi qu'il investit de très fortes sommes dans les plantations de canne à Cuba et à Saint-Domingue, et s'intéressa, en Afrique du Sud, aux mines de diamants.

En dix ans, le père d'Edmond amassa une fortune colossale. Jamais, il ne mit le pied dans quelque bureau que ce soit. De retour en Suisse, il travaille seul, à Pregny, entouré de cinq téléphones, toujours allongé sur son lit, contemplant, lorsque la valse des chiffres le fatigue trop, les eaux calmes du lac Léman, et au-delà les pics neigeux du Mont-Blanc. Dans un pavillon du parc, il installe son secrétariat.

Le baron Maurice fait, une fois de plus, la preuve de l'acharnement des Rothschild à survivre. Pour moi la clef du succès de cette famille, c'est d'abord cela : son aptitude à s'adapter à la situation avec réalisme et clairvoyance. Les réactions de l'hexagone dans la tempête l'avaient déçu : le père d'Edmond misa tout sur le contexte international et gagna son pari.

De son père, Edmond garda le dédain des frontières. Il n'avait aucune raison de travailler à la banque familiale de la rue Laffitte, le baron Maurice n'y étant plus associé. Il était, lui aussi, fasciné par les États-Unis, par ce continent américain où tout est possible. En 1949, il commença de travailler chez ses cousins, dans une société qui faisait de l'import-export avec l'Amérique latine, la « Commerciale Transocean » dont le dernier PDG fut Georges Pompidou ; il partit pour le Chili, le Brésil, l'Argentine : ces pays jeunes, alors très prospères, au climat agréable, attiraient ce jeune homme sortant de la grisaille européenne et des jupes de sa mère.

Edmond n'avait qu'une licence en droit et aucune formation financière, aucune notion de la gestion des affaires : il apprit sur le tas à lire un bilan, les cours de Bourse et même à rédiger un chèque. Car on ne parlait jamais d'argent chez ma belle-mère. Le mot y était presque inconvenant. Enfant, Edmond croyait dur comme fer que l'hôtel ou le téléphérique du Mont d'Arbois appartenaient au directeur, sa mère s'était bien gardée de lui confier qu'elle les avait en majeure partie financés. Pour elle, les fils à papa étaient la pire catégorie qui soit.

Le papa en question considérait justement qu'il n'avait pas à se préoccuper d'un fils que, au dire de ses propres parents, il était incapable d'élever. Jamais il ne l'assista dans ses affaires. Il lui avait bien proposé au sortir de ses études de lui inculquer à Pregny les mystères de la Bourse, mais Edmond refusa sagement cette proposition. A vingt-quatre ans, il monta sa première affaire à Buenos Aires ; à vingt-six ans, un bureau à Paris au 45, faubourg Saint-Honoré, sous la porte cochère menant à l'ancien hôtel de ses arrière-grands-parents Pereire. Avec des copains, il s'essayait au négoce international, vendait du fer à béton à l'Argentine, importait en France du café brésilien, rachetait Albert Simpère et Cie, une affaire d'oléagineux, grâce à l'aide d'un ami banquier, Albin Chalandon, qui lui faisait confiance.

Edmond avait trente et un ans quand son père mourut. Il héritait d'une fortune plus importante que celle d'aucun autre Rothschild au monde et de peu de responsabilités. Sa vie allait en être changée.

Jusque-là, il n'avait eu que le souci de voir ses affaires prospérer, de bien profiter de la vie et de faire de la politique par atavisme familial dans les milieux radicaux et radicaux-socialistes ; puis il s'enthousiasma pour de Gaulle, ses idées sur la défense et sur la décolonisation.

C'est autour de la mort de son père que se cristallisèrent plusieurs événements importants. Le premier fut la découverte d'Israël. Il n'y avait encore jamais mis les pieds, conscient de ce qu'impliquait le fait d'être le petit-fils du « Généreux Bienfaiteur ». Il ne se sentait pas mûr ; sa mère — étrangère à toute idée sioniste — ne l'avait pas préparé à cette tâche.

Et puis, il y eut 1956 et l'affaire de Suez, l'étonnante percée des troupes israéliennes, le soutien des gouvernements britannique et français. Edmond m'a souvent raconté comment, cloué par une hépatite virale à Mandegris (un pavillon de chasse perdu dans le parc de la propriété paternelle d'Armainvilliers en Seine-et-Marne), il vécut cette tranche d'histoire comme une révélation : Israël existait, Israël devait se battre, Israël avait besoin pour survivre de ses alliés européens. Son père mort, Edmond fit le voyage que le baron Maurice n'avait jamais entrepris. Arriva ce qui devait arriver. Il se trouva confronté avec un peuple qui attendait beaucoup de lui alors que jusqu'ici personne n'avait rien attendu de lui. On lui demanda de présider en Europe l'action des « Bons d'Israël », des obligations à un faible taux d'intérêt vendues au public afin d'aider au financement de cet État. Il dut vaincre sa timidité, apprendre à parler en public, lui qui en avait horreur.

Une rencontre surtout le marqua, celle de David Ben Gourion, alors président du Conseil :

— Votre grand-père, lui dit-il, n'était pas un philantrope mais un homme d'État qui avait une vision économique d'Israël. Ce qu'il faut, c'est attirer les capitaux et créer des emplois pour satisfaire les besoins des nouveaux immigrants.

C'est ainsi qu'Edmond développa des affaires : en 1960 le premier pipe-line mer Rouge-Méditerranée qui apportait le pétrole iranien, puis une entreprise de produits pharmaceutiques. Et sa première banque, l'« Israël General Bank ». Lui qui n'avait été juif que deux fois l'an à Rosh Hashana et Kippour pour faire plaisir à sa mère, lui qui s'était découvert juif à plein temps lors de la guerre de 1940, revendiqua sa judéité : ce sens des traditions allié à un esprit pionnier.

Deuxième tournant dans sa vie, celui qu'il fit prendre à ses affaires. Jusqu'alors, il n'avait fait que du commerce, il se découvrit une vocation de financier international : le vice familial mais dans une version moderne inédite. Il acquit une philosophie particulière des affaires, à la lumière de l'évolution économique. Il refusa de devenir industriel. Mieux valait rester libre et s'adapter à la société nouvelle. En 1969, il s'intéressa activement à deux affaires dont l'une devait connaître l'échec, et l'autre un fabuleux succès. L'échec, ce fut Inno-France, la première race de « discount store » lancée en France par un groupe belge allié aux Galeries Lafayette. (Marcel Fournier avait proposé à Edmond au même moment de participer à son affaire, Carrefour, basée à Annecy, et qui faisait le pari inverse, celui d'implanter ses grands magasins non dans les villes mais à leur périphérie ; il pensa à tort que les Français n'étaient pas encore mûrs pour le shopping à l'américaine.) Le succès, ce fut incontestablement le Club Méditerranée qu'Edmond contribua à relancer avec ses fondateurs, Gérard Blitz et Gilbert Trigano, alors désireux de donner une nouvelle dimension à l'affaire qu'ils avaient créée dix années plus tôt. Edmond détint jusqu'à 42 pour 100 des actions du club.

En dehors d'Israël et de ses affaires, la troisième préoccupation d'Edmond était d'installer ses maisons. Tel Cadet-Rousselle, il en avait au moins trois à refaire entièrement car son père en vieillissant s'était peu soucié de décoration : Pregny en Suisse, Armainvilliers à l'est de Paris et, à Paris, un hôtel particulier rue de l'Élysée, de l'autre côté de la rue du palais présidentiel.

Pièce par pièce, j'avais reconstitué le puzzle de sa vie et de sa famille. J'avais découvert qu'Edmond, ultime rameau de la branche cadette, n'était qu'à trente ans passés vraiment devenu Rothschild, Juif et banquier. Somme toute, il ne m'avait guère précédée que de quelques années !

DEPUIS le mois de novembre, j'attendais un enfant. Le médecin m'avait ordonné l'immobilité complète. Couchée sur mon lit, totalement à plat, je suis restée huit mois et demi sans mettre le pied à terre. On tirait les draps d'un côté, de l'autre on en remettait des frais. Je tenais salon et les amis dînaient dans ma chambre.

Fin juillet, un mois après notre mariage civil, mon médecin m'autorisa enfin à me lever. Il n'y avait plus rien à craindre, l'enfant que je portais devait être une petite merveille ourlée à la perfection. Je lui avais tant parlé lors de ces longues journées, tandis qu'il me répondait à sa manière, coups de tête, coups de pied. Aucun doute : il était paré pour affronter la vie au grand air.

Mme Lussia, l'infirmière, un aimable dragon

chargé durant tous ces mois de me faire tenir tranquille, fut préposée à la remise sur son socle de la gisante. Elle passa mon bras autour de son épaule, et lentement me mit en position verticale. Debout, le souffle coupé, j'étais incapable de faire seule un pas. Dans la salle de bains, je me vis pour la première fois de profil. Le spectacle était assez réjouissant.

Il le fut encore plus quand j'eus enfilé la robe de grossesse que m'avait prêtée une amie en prévision du grand jour. Vu mon internement forcé, je n'avais guère eu la possibilité de faire des élégances. L'ennui, c'est que mon amie avait accouché en décembre. Dans sa robe en laine noire, je crus défaillir, il faisait en ce mois de juillet une chaleur épouvantable. Soudain, j'entendis du bruit dans l'entrée : Edmond arrivait. Pour lui faire une surprise, je me dirigeai vers lui en me dandinant comme un canard, engoncée dans ma sinistre tunique. Il me regarda d'un air navré puis éclata de rire : « Comme tu es laide, ma pauvre chérie ! »

L'après-midi, je décidai d'aller me choisir une robe plus de saison en compagnie de Mme Lussia. Le premier taxi qui s'arrêta me salua d'un sonore : « Bonjour, mademoiselle ! » qui me vexa au plus haut point. Le monde entier ne voyait-il pas que j'attendais un enfant ? Dans la boutique Prénatal, on sut du moins reconnaître mon état. J'aurais voulu tout acheter, grisée par ma liberté retrouvée. Soudain, je verdis, prise par des douleurs effroyables. Ambulance. Civière. Mme Lussia affolée. Les badauds qui s'attroupent. Sirène, vite, vite, je vous assure, le bébé sera bientôt là.

Traversée du bois de Boulogne. Les arbres défilent. Je suis assise et je me tiens le ventre. Il fait chaud, si chaud. Un marchand de glaces.

— Madame Lussia, je vous en prie, arrêtons-nous.

— Comment, madame, mais vous...

— S'il vous plaît, une seconde seulement.

Et voilà comment, vers quatre heures de l'après-midi en ce 30 juillet 1963, une « Urgence Maternité » est arrivée à l'Hôpital américain un cornet de glace vanille-fraise à la main !

De ce qui suit, je n'ai aucun souvenir. Sinon d'avoir entendu à demi consciente mon mari tambouriner à la porte, et l'accoucheur lui dire d'une voix agacée :

— Monsieur, arrêtez, voyons. La seule chose que je peux vous dire, c'est que ce n'est pas une fille !

Edmond rétorqua cette phrase historique :

— Mais alors, docteur, qu'est-ce que c'est ?

Le soir même, tandis qu'il fêtait la naissance de son fils en faisant la tournée des boîtes de nuit avec deux ou trois amis, il embrassa sur les deux joues Olivier Guichard médusé.

L'épreuve suivante — on peut parler d'épreuve puisqu'il s'agissait bien des étapes d'une intronisation — fut la première rencontre à la clinique avec ma belle-mère. Elle n'était pas venue à notre mariage, je ne lui avais pas été présentée mais je l'avais aperçue une fois lors d'une soirée de gala.

Elle entra d'un pas décidé dans ma chambre, suivie d'Annecy, devenue sa dame de compagnie.

Elle était grande, mince, distinguée, très élégante, une belle chevelure blanche. L'opposé de la bonne « Mama » aux rondeurs accueillantes et à la voix chaleureuse.

Elle fonça droit sur le berceau, détailla derrière son face-à-main le bébé démailloté, vu la canicule, et dit l'air satisfait :

— Il a les pieds de mon fils.

Puis elle leva les yeux sur moi :

— Vous vous appelez Nadine ?

— Oui, madame, répliquai-je.

Elle continua imperturbable :

— Vous n'auriez pas un autre prénom par hasard ?

Je lui dis que je m'appelais aussi Nelly.

— Rien d'autre à part ça ? reprit-elle, du ton qu'elle aurait eu pour demander à un maître d'hôtel s'il n'avait pas quelque chose de mieux au menu.

Je m'entendis répondre :

— Madame, c'est tout ce que je peux faire pour vous.

Mon impertinence naturelle avait repris le dessus, presque à mon corps défendant. Car tout au fond de moi j'étais désemparée, sûre de déplaire à jamais à la mère d'Edmond. Pour la première fois, je compris que ce n'était pas si facile d'épouser un Rothschild, et d'avoir une Halphen-Pereire pour belle-mère.

« Je suis heureuse que vous m'ayez donné un petit-fils » : plongée dans mes réflexions, je ne saisis la phrase qu'avec un temps de retard. La reine-mère, un léger sourire aux lèvres, me rendait ma couronne, me restaurait dans mes droits. Je respirai un grand coup, j'étais la mère de Benjamin, ce Rothschild de la sixième génération avait vu le jour grâce à moi. Plus tard, je compris sa froideur première, son système de protection contre les émotions de tous ordres (lorsque Edmond l'embrassait, elle s'arrangeait toujours pour lui présenter son front : « Ne fais pas le petit bouc », lui disait-il tendrement). De plus, je portais les prénoms de ses deux plus chères cousines et amies, Nadine Herren et Nelly de Rothschild, mortes quelques années plus tôt.

La nurse lui mit l'enfant dans les bras : visiblement, la mère d'Edmond n'avait guère l'habitude de serrer contre son cœur des nourrissons. Elle le rendit bien vite à la fidèle Annecy. Quelques jours plus tard, je m'installai avec le bébé à la campagne, à Mandegris, pour y profiter de la fin de l'été. J'avais décroché la lune, j'avais l'amour d'un homme, un amour de bébé et la fortune. Pourtant, j'étais plongée dans le drame. Malgré mes draps brodés, ma chambre inondée des plus somptueux présents, je pleurais, déprimée comme tant de jeunes accouchées : Benjamin n'avait rien de moi, ni le nez en trompette, ni la pommette tartare, ni les yeux en amande, c'était tout le portrait de son père ! Cela ne s'est pas arrangé, il lui ressemble toujours autant, mais depuis longtemps j'ai séché mes larmes, il n'est pas si mal après tout.

L'époque n'était plus aux anathèmes lancés contre les membres de la famille qui osaient épouser des « goys ». Le fondateur de la branche anglaise, Nathan Rothschild (parfaitement assimilé à la « City », il refusa toujours de porter le titre nobiliaire conféré à la famille en 1822 par Metternich), avait une fille Hannah. Elle provoqua la fureur de son père en lui annonçant à vingt-deux ans son intention de se marier. L'objet de sa flamme, le charmant Henry Fitzroy, fils du comte de Southampton, avait tous les talents moins un : il était protestant. Un jour d'avril 1839 la jeune fille en simple robe d'après-midi dut héler un fiacre pour se faire conduire à l'église où l'attendaient son fiancé et son frère Nathaniel, unique témoin de la cérémonie. En guise de cadeau de mariage, elle reçut le mépris de ses cousins. Lorsque Arthur Fitzroy, le fils d'Hannah, mourut d'une chute de poney, quelques années plus tard, ils parlèrent de punition divine.

Les verrous qui avaient fait la cohésion, la force de la famille, sautaient. Plusieurs cousins de la nouvelle génération n'avaient pas épousé la jeune fille juive traditionnelle : Guy, le chef de famille, s'était marié en secondes noces avec une catholique. Une seule chose importait à Edmond : que son fils soit juif. Pourtant, il ne me demanda jamais de me convertir. Mais, bien avant mon mariage, sans lui en parler, j'avais commencé à m'initier au judaïsme et pris des cours avec une étudiante en théologie. Je voulais mieux comprendre l'homme avec qui je vivais, et sa communauté.

Après mon mariage, je priai la jeune étudiante de parfaire ma formation religieuse. J'étais décidée à me convertir, car c'est par la mère que se transmet la religion aux enfants.

J'étais catholique, baptisée, j'avais fait ma communion. Je croyais en Dieu et en ses commandements, mais là s'arrêtait ma dévotion. J'avais l'impression de ne rien renier en changeant de religion.

Dès que je fus sur pied après la naissance de Benjamin, je rendis visite au Grand Rabbin de France, Jacob Kaplan. L'homme le plus important de la communauté. Une sorte de pape à l'échelon national, encore que pour les Juifs le rabbin soit non un prêtre mais un Sage. Moi qui me croyais libérée depuis longtemps de toute timidité jusque devant les puissants, je me retrouvai petite fille face à cet homme de Dieu, court et sec, au visage émacié, à la barbe grise, tout de sombre vêtu.

Je lui fis part de mon intention. A ma grande surprise, au lieu de m'encourager, il insista longuement sur le fait que le mariage avec un Juif n'est pas un motif suffisant de conversion. Il me parla de la difficulté d'être Juif dans le monde d'aujourd'hui, du racisme, de l'holocauste. Il me rappela que, selon la foi juive, « les Justes de toutes les Nations ont droit au salut éternel », pourvu qu'ils observent réellement leur religion. Bref, selon lui, je n'avais aucun intérêt à me convertir : comme il le disait, non sans humour, pourquoi se contraindre à observer les 613 commandements contenus dans la Torah, alors qu'en restant chrétienne il me suffisait, pour être sauvée, de n'en respecter que dix.

Je persistai cependant dans mon intention, je revins plusieurs fois le voir dans son appartement sombre du quartier Saint-Lazare aux meubles Empire, aux murs tapissés de livres. Je lui manifestai mon désir sincère de m'intégrer à la communauté. Alors seulement, il soumit ma candidature au Tribunal rabbinique et elle fut acceptée.

Grâce à cet homme au sourire bienveillant — il parlait d'une voix basse en réajustant constamment sa petite calotte noire sur la tête — je découvrais la religion juive, mère de toutes les autres, qui exalte Dieu sans chercher à prouver son existence. Je me sentais à l'aise dans cette religion qui se méfie des dogmes, ignore le péché originel, ne condamne ni ne méprise le corps ; cette religion sans prêtre, ni hiérarchie. Cette religion qui, loin de prêcher la crainte (comme trop de gens le croient) est une religion d'amour à l'égal du christianisme. « Tu aimeras le Seigneur ton Dieu et ton prochain comme toi-même » est son premier commandement.

Le Grand Rabbin me parlait de la Bible, des Prophètes et des Sages, de l'histoire du peuple juif, de deux mille ans d'exodes et de révoltes, de luttes, de résistances, d'exils. Je confondais, il est vrai, les acteurs, Abraham, Isaac et Jacob ; et Moïse qui marcha quarante ans dans le désert ; et les rois Samuel, David, Salomon ; et d'autres vieilles connaissances, Jean-Baptiste, juif intégriste s'il en fut, ou saint Paul connu seulement sous sa première identité, Saül de Tarse. J'appris que nombre de fêtes chrétiennes sont issues de fêtes juives, Pâques s'est substituée à Pessah qui rappelle la sortie des Hébreux d'Égypte, la Pentecôte a remplacé Shavouoth, la promulgation de la Loi sur le mont Sinaï, que l'on célèbre quarante jours après Pessah. Je découvris le vrai sens du Sabbat — acquisition sociale combattue par les Grecs et les Romains qui y voyaient un coupable penchant pour l'oisiveté —, jour de repos où l'on ne peut ni travailler, ni voyager, où l'on peut lire

Edmond et son grand-père.

La mère d'Edmond.

Le père d'Edmond.

Edmond et sa grand-mère.

Ma mère et mes grands-parents.

Nadine
"Fil de Fer".

Festival de Cannes, Lance derrière moi.

"Girls at sea".

Festival d'Edimbourg : Dominique Wilms, Noëlle Adam, Annie Girardot, Nicole Berger et... Nadine Tallier.

Léonide Moguy, Michèle Mercier, Charles Boyer, Henri Vidal et... encore Nadine Tallier.

Mariés pour le meilleur... pas pour le pire.

Belle-maman, Annecy et Benjamin.

Entre papa et nounours, son cœur balance.

Benjamin sur son fougueux destrier.

Sur les traces de son père?

Pour mes cinquante ans : un *happy birthday* chanté par Placido Domingo.

Au bal de la WIZO, avec Jacques Chazot.

Avec Mercédès de Gunzbourg, un jour de chasse.

Avec "mon" duc de Bedford et Marcel Bleustein-Blanchet.

Teddy Kollek, sans qui Jérusalem ne serait pas ce qu'elle est.

A Tel-Aviv entre l'amiral Limon et Shimon Perès.

Derrière Ben Gourion,
Edmond et Alain.

Avec
Geneviève Page.

La présidente de la WIZO de Paris prononce son premier discours.

La sieste, dans la crèche de Jérusalem.

Les enfants de Maubuisson.

mais non écrire ; jour de repos pour l'âme, car on se détache des questions matérielles, des soucis quotidiens, pour communier avec son dieu et sa famille.

Je passais des heures à étudier avec le Grand Rabbin. Il y avait tant de choses à faire entrer dans ma tête ! Ce n'était plus un rôle, une suite de répliques à retenir le temps d'un spectacle ou d'un film. C'était un bagage à porter toute la vie, un exercice d'assouplissement spirituel, une culture nouvelle à faire mienne. Combien de fois suis-je sortie de ces cours, désespérant de jamais retenir toutes les prescriptions du Talmud, son code alimentaire rigoureux, ses règles de pureté morale et physique, la multiplicité des prières en hébreu, différentes selon les jours de l'année, les moments de la journée, une prière au saut du lit, une autre pour se mettre à table, une après avoir rompu le pain, après le repas, avant de s'endormir.

J'avais un bébé et à peine le temps d'en profiter. Mais j'avais fait un choix, je voulais l'assumer. Mon orgueil me commandait de ne pas avoir à quémander de passe-droit et, de toute façon, la femme d'un Rothschild se devait d'être juive.

Un jour, après des mois de patient travail, l'heure de l'examen sonna. Un jeudi, à quatre heures, je me retrouvai à la synagogue de la rue de la Victoire. Au premier étage, trois rabbins assis derrière une longue table m'attendaient, ils m'invitèrent à occuper en face d'eux un petit tabouret. Avec ses murs nus et ses hauts vitraux diffusant une lumière glauque, la salle m'apparut lugubre. Et impressionnant ce tribunal.

Je n'avais plus trente ans, mais quinze, non quatorze. Je mordillais mon pouce droit, serrais nerveusement les genoux. La Torah [1], le Talmud, la Haggada et la Halakha [2] faisaient dans mon esprit une joyeuse salade. Mais quelle était donc la différence entre le talith [3] et le tsizith [4]? Quant aux obligations particulières faites aux femmes, je me souvenais bien de celle d'allumer les lumières du sabbat, mais impossible de remettre la main sur les deux autres. Dans mon émotion, je n'étais plus tout à fait sûre de connaître le « Chéma », l'article fondamental de la loi juive: « Chéma Israel Adonaï Elohénou Adonaï Ekdad », « Écoute Israël, l'Éternel est Un ». C'était le premier, ce fut le seul examen de ma vie.

Et je le réussis! Les questions tombaient dru, je n'avais plus peur, je répondais avec une déconcertante facilité. Au bout d'une heure et demie, on me fit signer un registre: j'avais fait les efforts nécessaires pour être admise dans la communauté, j'avais franchi avec succès la première étape de la conversion, la « kabalath mistvoth », l'acceptation des lois.

La seconde étape, le bain rituel, eut lieu le lendemain. Immersion totale au sens propre, baptême comme le pratiquait Jean-Baptiste dans les eaux du Jourdain : un rite qui n'est pas réservé aux nouveaux convertis mais que doit accomplir en principe la femme juive, une fois par mois. L'immersion doit

1. La loi juive.
2. Le recueil des traditions juives, comportant une partie législative, la Halakha, et un code moral, la Haggada.
3. Châle de prière.
4. Franges de laine placées aux quatre coins du châle et rappelant les commandements de Dieu.

cueillis par le Grand Rabbin Kaplan — il avait accepté de nous marier — ainsi que par le hazzan, le ministre officiant, préposé aux chants. Je me vois encore en tailleur blanc cassé, boutonné sur le côté, trois rangs de perles au cou, autant au poignet et sur la tête une toque de vison carrément hors saison car en ce jour d'automne, il faisait 20 degrés à l'ombre ! Sous le dais, campait fièrement Edmond, œillet à la boutonnière, calotte noire sur la tête, les épaules couvertes du talith blanc réservé à la prière. Derrière nous, il y avait bien plus que le « miniane » requis, ce quorum de dix hommes représentant la communauté, sans lequel un mariage n'est pas valable.

Après un sermon de bienvenue, le rabbin nous bénit et nous tendit une coupe de vin, symbole de prospérité. Edmond me glissa alors l'anneau. On nous lut la ketouba, le contrat de mariage, rédigé comme dans les temps anciens en araméen, dans lequel le mari s'engage à protéger les droits de sa femme. Puis l'on étendit le talith sur nos deux têtes, et le hazzan chanta les sept bénédictions d'usage. Tout se passa selon les règles ou presque, car, lorsque je dus boire une seconde fois et qu'Edmond me passa la coupe, il n'en restait plus une goutte...

Toujours selon la tradition, Edmond brisa un verre afin de ne pas oublier, même le plus beau jour de sa vie, la destruction du Temple. Et l'assistance cria « Mazel Tov » (Bonne chance). Puis les invités présents, surtout des membres de la famille, se dirigèrent vers la salle à manger. D'autres allaient voir Benjamin, tout rose et souriant dans son berceau de piqué blanc. Notre mariage avait un côté noces campagnardes qui me plaisait: on fait le bébé d'abord, on régularise après!

Le seul incident se déroula dans les cuisines où l'on pouvait cuire jadis sur d'énormes tournebroches six agneaux de lait. Le rabbin chargé de surveiller la préparation du repas casher déclara, au moment où l'on s'apprêtait à emporter les assiettes, qu'elles devaient impérativement être lavées à l'eau de source. Affolement chez les marmitons. Il fallut l'arrivée de Victor, le vieux maître d'hôtel du baron Maurice, pour calmer les esprits: il rappela, au soulagement général, qu'à Armainvilliers, l'eau du robinet provenait directement des deux puits de soixante mètres de profondeur creusés dans le parc de la propriété!

Les festivités ne durèrent pas sept jours (il est de règle que les nouveaux mariés soient invités chaque soir par les parents et les amis pour que l'on chante à la fin du repas les sept bénédictions). Plus tard, Edmond donna une grande soirée pour le Tout-Paris dans l'hôtel particulier de la rue Leroux, où il habitait autrefois avec sa mère. C'était ma présentation dans le monde, mon bal des débutantes à trente et un ans. Lyne de chez Alexandre, qui me coiffait déjà au théâtre, m'avait fait un ravissant chignon et Guy Laroche ma première robe du soir, en gros satin blanc rebrodé de perles et de petits diamants, le bustier ajusté, la taille étranglée, la jupe longue un peu bouffante sur les hanches. Choix judicieux, sur les conseils de Cynthia Karlweis, l'une de mes premières nouvelles amies.

Sur les buffets, d'immenses bouquets hauts de deux

mètres rappelaient, dans un subtil camaïeu de fleurs rouges et rose tendre, les tons un peu fanés des tapisseries. Le fleuriste Jacques Bedat, un orfèvre en la matière, avait disposé des bougies au milieu des delphiniums, des zinnias, des pieds-d'alouette et des roses trémières, et accroché des perles de couleur dans lesquelles la lumière scintillait. Placés dans l'embrasure des hautes fenêtres, des massifs de palmiers, de fougères et de figuiers, éclairés eux aussi de l'intérieur, projetaient sur le plafond de grandes ombres portées. Mes rêves les plus fous étaient dépassés.

Cendrillon s'accrochait au bras de son Prince Charmant. Nous étions tous deux en haut des marches, accueillant nos invités. Avec une inlassable patience, Edmond posait la question fatidique : « Vous connaissez ma femme ? » Je ne connaissais personne, et personne ne me connaissait, sinon ceux qui se souvenaient de l'actrice. Peu m'importait : j'étais la femme d'Edmond et cela seul comptait. Nous avons dansé, tournoyé dans les immenses salons. On murmurait : « Charmante, délicieuse ! », peut-être avec sincérité, on souriait beaucoup, j'étais la reine de la soirée.

Je dansais et j'oubliais tout et jusqu'à ce sentiment d'irréalité que j'eus souvent les premiers temps de notre mariage quand nous étions reçus. Le fait que mon mari ait été celui d'une autre un court moment n'arrangeait rien. On présentait la femme d'Edmond de Rothschild et je sentais le regard étonné des gens qui croyaient se souvenir d'une grande et très belle femme brune et se retrouvaient face à un petit brugnon doré. C'était pis encore lorsqu'il m'appartenait de me présenter moi-même. Saisie d'appréhension, j'osais à peine dire mon nom, comme s'il n'était pas à moi. Oui, c'est ça, j'avais la sensation de l'avoir volé. En moi, traînait une impression vague, celle qu'un matin, je me réveillerais et entendrais crier : « Dépêchez-vous, on vous attend sur le plateau, mademoiselle Tallier ! »

Je valsais et j'oubliais tout jusqu'à l'ironie qui avait parfois salué mon arrivée. Tel cet aimable mot d'esprit, lancé un jour par l'une des amies d'Edmond invitée à Mandegris : « Tiens, nous pensions que tu avais transformé la maison en boîte de nuit ! » Remarque jetée comme ça mais qui en disait long sur la réaction première de bien des gens : quelle idée d'aller épouser une comédienne, pis une artiste de music-hall, quand on est jeune, riche, charmant, et que l'on a à ses pieds de ravissantes héritières. Le lendemain matin, dans la maison encore ensommeillée, la jeune femme en question me trouve au salon plongée dans un livre.

— Qu'est-ce que vous lisez ?, me demande-t-elle.

— Cela ne vous étonnera pas, ai-je répondu avec le plus grand naturel, en lui tendant... *Strip-tease.*

Nous avons vite cessé de nous exercer à ce jeu des fléchettes, pour devenir bonnes amies. Me reste tout de même en mémoire le souvenir de mon cœur chaviré un soir d'hiver à Mandegris.

Je me tirais de ces moments délicats en demeurant moi-même. Je ne cherchais pas à jouer à « la Baronne Edmond », être Mme de Rothschild était largement suffisant. Face à ma belle-mère, chaleureuse parfois, autoritaire toujours, j'ai refusé d'être celle que je n'étais pas. Je crois pouvoir dire qu'elle m'en a été reconnaissante, nos rapports en ont été facilités.

JE m'aperçus très vite que, si j'avais épousé un homme, j'avais aussi épousé une fonction : être « la Baronne Edmond » était un job à plein temps. Il y avait la famille que je devais apprendre à connaître, chacun par son nom, son surnom, les cousins de Londres, ceux de Paris, ceux des États-Unis. Ce ne fut pas toujours facile. Mais dans l'ensemble, l'accueil fut charmant.

Il y avait les « relations », un mot qui jusque-là m'avait semblé du chinois. Bien sûr, j'avais rencontré pas mal de gens, je parlais le français, j'amusais mon entourage. Mais toujours d'une manière naturelle et spontanée. Je me souciais fort peu d'être ou non une « femme du monde ». Il fallait changer. Je dévorais tous les bouquins de savoir-vivre. Et surtout, je regardais autour de moi, la meilleure façon d'apprendre.

Dans les dîners où nous étions invités, j'observais l'art des présentations : il fallait annoncer le nom d'un monsieur à une dame et non l'inverse, sauf si le monsieur est un respectable vieillard ; il fallait accoler au nom d'une femme le prénom de son mari et non le sien à l'inverse de ce que j'avais toujours fait dans le monde du spectacle. Je m'initiais aux subtils échelons de la hiérarchie nobiliaire, marquis, comte, baron, hiérarchie qui ne m'avait guère préoccupée. Je remarquais que l'on ne s'assoit pas à table avant la maîtresse de maison, qu'une femme ne doit pas se lever pour saluer quelqu'un du sexe opposé (à moins qu'il ne soit, là encore, un Ancêtre, un Puissant, ou un Sage). Je découvrais l'art du « small talk », cette conversation menée sur un mode mineur qui permet de mettre à l'aise n'importe qui, qu'il soit médecin, ambassadeur ou ministre ; cet art qui vous évite d'être l'idiote totale ne répondant que par oui ou par non, ou la folle indiscrète qui mitraille de questions.

Pas un détail ne m'échappait : un centre de table joliment fleuri ? Je demandais qui était l'auteur de cette merveille et le consultais pour mon prochain dîner. Un rôti remarquablement tendre ? Je m'arrangeais pour connaître le nom du boucher. J'enregistrais tout : l'adresse des meilleures pâtisseries, des bougies qui ne coulent pas, des blanchisreries où l'on repasse les nappes à la perfection. Lorsque j'avais peur d'oublier, je griffonnais sur le petit calepin que je gardais toujours dans mon sac les informations glanées au cours de la soirée.

Je fichais non seulement les usages, mais les

gens. Un vrai Deuxième Bureau miniature ! Dès que je rencontrais un couple, le soir même je notais les noms, les prénoms, la profession du mari, les attaches provinciales, l'âge des enfants. Et, l'air de rien, quand je les revoyais six mois plus tard, je demandais des nouvelles de la jolie Cécile, du petit David, ou l'état des travaux de la nouvelle maison de campagne.

Une vraie formation à l'américaine, un travail patient, méthodique, mené pendant dix ans de A à Z et pas seulement dans le domaine de la vie mondaine.

Moins de six mois après notre mariage, mon mari estima qu'il me fallait avoir une secrétaire. C'était très gentil de sa part mais je n'avais pas la moindre idée de l'usage que je devrais en faire, d'autant plus que Nicole Misrahi — par un curieux hasard elle avait été la camarade de classe de ma sœur Nadeige — était aussi débutante que moi. Le premier jour, j'allai acheter des cahiers, les bourrai de notes et lui demandai de les recopier au propre : autant de temps de gagné ! Puis je la priai d'appeler mes amies pour convenir avec elles d'un dîner : mais les amies en question me rappelaient et leur voix offusquée m'indiquait clairement que pour accepter mes invitations, elles n'avaient pas besoin de passer par un secrétariat.

Je décidai aussi de sous-traiter mon courrier, de manière il est vrai assez particulière : prétextant un manque de temps, je téléphonais le matin à Mme Misrahi et lui dictais mes lettres. J'avais bien trop peur si je me trouvais en face d'elle qu'elle ne me demandât l'orthographe de tel ou tel mot, j'aurais été bien en peine de la lui donner. Les lettres à signer devaient m'être rendues en fin d'après-midi. Après quoi, je recopiais avec application les missives préparées, avant de les faire superviser par Edmond.

Le plus souvent, cependant, nous travaillions ensemble dans un charmant petit pavillon du faubourg Saint-Honoré entre cour et jardin où nous habitions alors. Notre bonne volonté était totale, mais elle ne nous évita pas quelques déboires. Le jour où nous dûmes organiser la première réception, nous passâmes des heures à fouiller *Who's who* et bottins pour retrouver les invités dont Edmond avait lancé le nom à la cantonade. Un mystérieux « Monsieur Xeres », sémillant andalou héritier d'un très vieux cru, se révéla n'être autre que Jacques Sereys, le mari de Philippine de Rothschild.

Travail considérable : la première vente aux enchères que j'organisai en 1965 au profit d'Israël. Je téléphonai, tirai les cordons de sonnette, me démenai pour obtenir des commerçants une foule d'objets. Je dressai des listes, encore des listes, je conviai le Tout-Paris dans les superbes salons de la rue Leroux. Le jour dit, palpitante, j'attends le premier coup de sonnette. A cinq heures, l'heure indiquée sur l'invitation, personne. Cinq heures et demie, toujours personne, je commence à m'inquiéter. A six, deux dames âgées montrent le nez. Et ce fut tout. Il fallut annuler la vente. Nicole Misrahi et moi étions catastrophées. Ma belle-mère, arrivée sur ces entrefaites, me dit sur un ton glacial comme elle savait parfois le faire :

— Une Baronne de Rothschild n'envoie pas de circulaires.

Estimant, dans ma candeur, qu'en matière de générosité, seule l'efficacité compte, j'avais adressé aux invités, plutôt qu'un carton, un texte ronéotypé !

Avec plus de succès, j'organisai bientôt mes premiers déjeuners de dames. Edmond m'avait dit combien c'était important et je le croyais volontiers, persuadée que, si l'on arrive grâce aux hommes, on ne réussit que par les femmes. C'est très beau d'attirer l'œil des messieurs, merveilleux d'épouser un homme amoureux. Mais vous ne mettrez jamais les pieds dans un salon si vous ne vous entendez pas avec les maîtresses de maison, si vous ne faites pas partie de cette mafia des femmes qui font et défont les carrières. Celles qui déclarent : « Les femmes ne m'intéressent pas, je n'aime que la compagnie des hommes », sont à mes yeux bien sottes !

A chaque déjeuner j'invitais une dizaine de femmes et découvrais souvent en elles des personnalités attachantes, certaines devinrent de précieuses amies. Mercedes de Gunzburg, bouillante Italienne à l'intelligence aiguë (propriétaire dans le Bordelais, son mari, François, est, en matière de vin, notre voisin le plus avisé). Geneviève Page (la femme de Jean-Claude Bujard, le plus vieil ami d'Edmond et l'un de ses principaux collaborateurs), très belle, très drôle, qui triomphait à l'époque dans *La manière forte* à l'Athénée. Shermine de Gramont, musulmane aux cheveux de jais, aux yeux très bleus, née sur les bords du Bosphore, d'abord mariée à dix-sept ans à un grand économiste turc ; elle épousa ensuite le comte Charles de Gramont, cousin d'Edmond. Janine Vernes, la plus bohème des femmes de banquiers, le charme personnifié, capable de faire attendre n'importe quel Grand de ce monde pour contempler un coucher de soleil ou le sourire d'un enfant gitan ; et beaucoup d'autres encore qui m'accueillirent chaleureusement.

Carrousel de mondanités et d'amitiés vraies. Obligations professionnelles aussi. Edmond me demandait souvent de recevoir à la maison des collaborateurs avec qui il désirait nouer des rapports plus informels, ou de l'accompagner à des dîners d'affaires. Je m'y prêtais de bonne grâce, persuadée qu'une femme a, dans ce domaine, un rôle à jouer et qu'un homme est reçu différemment s'il est avec son épouse.

Clouée au lit avant la naissance de Benjamin, je n'avais pu assister à Megève à la fameuse Fête des Cent Heures du Mont d'Arbois donnée en 1963 pour relancer l'établissement fondé par ma bellemère ; mais j'avais été chargée de répartir dans l'hôtel les invités : Mme Gianni Agnelli, la princesse de Polignac, la duchesse de La Rochefoucauld... Horreur ! Il ne restait pas une suite digne des Rockefeller. Le seul appartement disponible était sur la façade nord. Grand seigneur, Edmond décida sur l'heure d'acheter le chalet voisin pour y loger ses amis américains.

Feu d'artifice géant, dîner tahitien aux chandelles au bord de la piscine, rien ne manqua à cette folle nuit menée de main de maître par Régine, ni la beauté de Jacqueline de Ribes, ni la séduction des grands play-boys de l'époque, Gunther Sachs, Jacques Charrier, Alain Delon, ni les énormes rires de Moustache, Henri Salvador, Georges Cravenne et Maurice Biraud.

Fastueuse, la fête ne donna pourtant pas les résultats escomptés : cet établissement de grand luxe n'était plus adapté à son temps. Edmond en tira les conséquences quelques années plus tard et le transforma en club-hôtel. Du chalet acheté pour les Rockefeller, il fit un « Relais-Château » raffiné et plein de charme : par une heureuse alchimie, son geste un peu fou se transmua en une excellente affaire. Là se déroulent aujourd'hui les « Nouvelles soirées du Mont d'Arbois », littéraires, artistiques, musicales, où nous accueillons de grands professeurs de médecine, des écrivains, des hommes politiques. Notre dernière création : le « Prix historique du Mont d'Arbois » dont je suis présidente d'honneur. Comme le disait récemment un Megévan, pendant l'inauguration du square portant le nom de ma belle-mère Noëmie : « Après la baronne Mimi, la baronne Nana... »

Partout où mon mari allait de par le monde, à moins qu'il n'estimât pas ma présence utile, je l'accompagnais. Peut-être au détriment du temps passé avec Benjamin. Mais Baba, sa nounou alsacienne, s'occupait de lui à merveille. En revanche, personne ne pouvait me remplacer auprès de son père.

Nous étions à longueur d'année entre Paris, Genève, Londres, Milan, Tel-Aviv et New York. C'est au cours d'une soirée de soutien à Lyndon Johnson que m'advint en 1964 une petite aventure : il faisait campagne pour renouveler son mandat de président dans un hôtel proche de Central Park.

Parmi les orateurs prévus, Frank Sinatra, le maire de New York et bien sûr Lyndon Johnson.

Celui-ci se faisait attendre. Je tombais de sommeil, nous partions le lendemain à l'aube pour Paris et je n'avais pas commencé mes bagages. A onze heures, je m'éclipsai discrètement par une porte de service et, dans un couloir sombre, me retrouvai nez à nez avec un monsieur qui arrivait en courant.

— Ne vous pressez pas tant, dis-je au retardataire, il n'est toujours pas là.

— De qui parlez-vous ?

— Mais du Président. Il y a deux heures que je l'attends. J'en ai assez, je vais me coucher.

— Je suis désolé, madame, pardonnez-moi.

C'était le Président Johnson. Difficile de rattraper ma gaffe. Au point où j'en étais...

— Monsieur le Président, ai-je repris après m'être présentée, ne m'en veuillez pas, j'ai mes valises à faire, je vais tout de même me coucher.

Le soir en rentrant, Edmond m'a demandé, éberlué : « Veux-tu m'expliquer pourquoi le Président, quand je l'ai salué, m'a dit : " Je suis ravi de vous connaître, mais j'ai déjà eu la joie de rencontrer la meilleure partie de vous-même... " »

L'année suivante, à l'hôtel Fontainebleau de

Miami où 2000 personnes étaient réunies pour le « United Jewish Appeal », nous étions les invités d'honneur et Edmond l'orateur principal. Une très vieille dame arriva vers moi, me fit une révérence jusqu'à terre et balbutia en se relevant :

— And how is the Queen, madame ?

Sans doute pensait-elle que j'appartenais à la famille royale d'Angleterre. Dans ce brouhaha, je renonçai à lui expliquer sa méprise :

— Mais très bien, chère madame, dis-je avec un sourire souverain, la reine va très bien, je vous remercie.

Chaque année, au mois de mars, nous passons en Afrique du Sud deux semaines à l'occasion du conseil d'administration de la De Beers. Je soupçonne d'ailleurs son président, Harry Oppenheimer, de renouveler, avec une belle constance, le mandat d'Edmond pour le seul plaisir de nos rencontres annuelles.

Un jour, nous avions un trou de quarante-huit heures dans notre emploi du temps, Harry nous conseilla d'aller voir au Cap un spécialiste de la « cueillette » des diamants sous les sables de l'océan. Nous arrivâmes dans un building devant une impressionnante porte blindée, munie d'un hublot à travers lequel un œil jugea de notre bonne mine. Admis dans la forteresse, nous sommes guidés par un malabar ostensiblement armé, à en juger ses poches, vers un homme couvert de diamants, bague, boutons de manchette, gourmette, épingle de cravate. Mr. Collins nous propose de voir la récolte de l'année. Le garde du corps déroule alors sur le bureau un tapis de velours noir et y jette des kilos de diamants bruts.

Je restai médusée quand Mister Collins risqua à mon intention :

— Mrs Rothschild, I have something special for you.

Me prenant par la main, il m'entraîna au fond d'un couloir. Il pénétra dans la cuisine, se dirigea vers le réfrigérateur. Curieuse idée, me dis-je, de garder les diamants au frais. Il plongea le bras, me regarda avec un grand sourire.

— This is for you, because you're so typically french !

Je nous verrai toujours, Edmond et moi redescendant dans l'ascenseur, riant aux éclats, notre bouteille de pouilly-fuissé sous le bras !

Depuis mon mariage, j'ai tenu le rôle d'une femme de diplomate, peut-être plus encore que celui d'une femme d'homme d'affaires. Par chance, Edmond ne posait pas à l'intellectuel, ne me demandait pas de tenir un salon littéraire ! Mais il me fallait encore devenir la femme d'un grand collectionneur.

Je n'étais plus aussi ignorante qu'au temps de mes visites à Jean-Gabriel Domergue, j'avais un peu rêvé chez les antiquaires, voyagé, visité des musées, suivi Edmond à Venise et à Florence, je devais même avoir dans ma dot au moment de me marier une ou deux commodes presque Louis XVI.

Edmond, lui, était atteint par cette maladie propre à tous les Rothschild : la passion des œuvres d'art. Le baron James, son arrière-grand-père, avait accumulé des objets précieux depuis l'acquisition en 1818 de son premier tableau, *La laitière* de Greuze ; bientôt, il accrocha à ses murs des toiles provenant des collections privées de Guillaume III de Hollande, de Christian de Danemark, du prince Demidoff, ou du duc de Berry ; lorsque les collections de Versailles furent mises en vente, il acquit le secrétaire de Marie-Antoinette, il trône dans ma chambre à Paris. Le grand-père d'Edmond ne se contenta pas d'acheter comme son père les plus belles pièces, il se spécialisa dans les estampes et les dessins du XVIIIe siècle : on peut voir aujourd'hui trois mille d'entre eux au Louvre, dans une salle du Cabinet des Dessins qui porte son nom. Au patrimoine du baron Maurice s'ajoutèrent les œuvres héritées de tante Myriam et celles de tante Julie.

Edmond se trouvait donc à la tête des plus belles collections de son temps, souverain d'un royaume dont les murs étaient couverts de Rembrandt, de Rubens, de Fragonard, de Boucher, de Watteau, de Goya, sans parler des chefs-d'œuvre impressionnistes ; les meubles étaient signés des plus grands ébénistes : Charles Boulle, Heurtault, Cressent, Dubois ou Riesener ; un royaume peuplé de cartels et de tapisseries, de livres rares et des plus beaux tapis, de plats en argent et de services en vermeil.

Un royaume en pièces détachées. Car ces somptueuses collections, aux multiples provenances, n'avaient pas vu le jour depuis la mort de mon beau-père, et même depuis la dernière guerre. Nombre d'entre elles étaient restées enfermées dans des caisses. Edmond, en homme « non installé », avait refusé que l'on touchât à ces beautés. Maintenant, il avait femme et enfant. Les travaux pouvaient commencer. Il était temps de découvrir les trésors des Mille et Une Nuits.

Maurice Rheims, cousin lointain qu'Edmond et moi aimons beaucoup, se chargea de cet inventaire, une tâche considérable car les objets étaient éparpillés en plusieurs endroits. Plus modestement, j'eus mission d'effectuer le premier tri. Je passai ainsi les deux années qui suivirent mon mariage, non à me pavaner dans des salons comme on aurait pu le croire, mais dans la poussière des garde-meubles. Tous les matins, je partais avec Victor Capilliez, le maître d'hôtel de mon beau-père, un vieux monsieur trapu à l'étonnante chevelure ondulée. Sitôt arrivé dans ces entrepôts, avec les emballeurs il commençait à ouvrir les caisses. Je retroussais mes manches, j'en avais pour la journée.

Edmond me faisait confiance : il était persuadé que l'apprentissage du Beau n'a rien à gagner à de grands discours et des cours magistraux, qu'il se fait tout seul au contact des belles choses pourvu qu'on ait de la sensibilité et le sens de l'observation. Mon mari m'avait donné un seul et unique conseil : « Classe par catégorie. Mets à droite ce qui te plaît, à gauche ce qui ne te plaît pas. » Évidemment, tout allait à droite ! J'appris vite à reconnaître la beauté massive d'un fauteuil canné Louis XIV, le galbe d'une commode Louis XV, la raideur distinguée d'une bergère Louis XVI. Je me repérais à peu près dans les porcelaines de

Limoges, les Saxe, les Sèvres roses ou verts ou bleus, les services de Bordeaux. Les peintres avaient eu la plupart du temps la délicate attention de signer leurs tableaux. Mais les objets ! Je nageais désespérément entre les bronzes, les terres cuites, les biscuits, les émaux et les majoliques.

J'avais peur de prendre un objet entre les mains et la hantise de le casser, je savais qu'il représentait une fortune.

Quelques années après, je connus les mêmes affres tandis que nous recommencions ce travail de tri à Pregny. Un vieil employé et moi, transportions les céladons, d'immenses potiches, aujourd'hui dans le hall d'entrée. Soudain, il laisse échapper un opercule qui se brise en mille morceaux. J'en étais malade. Comment allais-je présenter ce drame à Edmond. La voix un peu étranglée, je demande au maître d'hôtel de ramasser les débris dans du papier journal, je pensais les envoyer à Mme André, la fameuse restauratrice parisienne ; peut-être accomplirait-elle une fois encore un miracle ? J'en étais là de mes réflexions quand j'entends le vieux monsieur en blouse grise dire avec un soupir de soulagement : « Ah, Madame la Baronne, comme vous avez raison de jeter toutes ces vieilleries... »

Chaque caisse révélait des trésors, j'étais un valeureux pirate, exhumant les témoins d'une histoire où mes ancêtres n'avaient pas eu leur part. Je dressais des lots, guidée par mon instinct. Pour me rassurer, je quêtais l'approbation de Victor qui me la donnait invariablement, ce qui ne m'avançait pas à grand-chose. Ce brave homme avait mille talents mais en matière d'art, il ne s'y connaissait pas plus que moi, alors qu'André, notre maître d'hôtel à Pregny, engagé comme garde de nuit, en sait aujourd'hui autant qu'un conservateur de musée.

Le soir, je repartais en me disant : « Je ne m'en sortirai jamais. » Mais nous avancions tout de même. Maurice Rheims me congratulait : « Ma petite pomme, tu as bien travaillé ! » Il faisait étiqueter et photographier tous les objets sans exception et dressait une fiche pour chacun d'eux. Cet inventaire était alors présenté à Edmond qui décidait de l'emplacement de chaque objet. Il n'avait que l'embarras du choix entre Pregny, Armainvilliers et Paris.

Des trois grandes demeures dont Edmond avait hérité, Pregny était sans conteste la reine douairière. Par son âge d'abord : Adolphe et Julie de Rothschild la firent construire vers 1870, après qu'ils eurent quitté le Royaume de Naples agonisant alors que se faisait l'unité italienne. Les maisons de bord de lac étaient la folie de l'époque : les Allemands, en bons romantiques, s'éprenaient des lacs italiens, les Français du lac Léman. C'est là que l'oncle Adolphe choisit de s'installer, aidé par l'architecte Paxton, un Anglais de génie, auteur du célèbre «Crystal Palace» de Londres et de deux autres maisons Rothschild, le château de Waddesdon en Angleterre et celui de Ferrières en France.

Reine douairière, Pregny l'était aussi par ses dimensions imposantes et l'immensité de ses pièces — « une charmante maison de campagne », disait tante Julie —, comme par sa situation exceptionnelle, face à Genève et pourtant loin de tout, espace de luxe et de paix où le temps semble s'être arrêté.

Devant la maison, des parterres à la française et au-delà une vaste pelouse qui descend presque jusqu'au lac, peuplée de milans et de tourterelles, parfois de canards échappés de leur bassin de pierre, que poursuivent Pyram et Palmyre, les deux labradors de la maison. Dans le parc, des pins, des chênes dont les branches traînent par terre en se contorsionnant tels de gros serpents, deux grands cèdres roux rapportés du Liban par Ferdinand de Saussure, le linguiste genevois, dans les années 1880 (le troisième est à Paris au Jardin des Plantes).

A la limite de la propriété, une fantaisie rococo de Paxton : une immense volière, hérissée de stalagmites en pierre, qui abritait jadis des collections d'oiseaux exotiques, et dans ses aquariums des poissons de mer. Ils sont aujourd'hui au Musée océanographique de Genève, d'où ils nous reviennent, pour animer les galeries, chaque fois que j'organise un dîner dans ce cadre féerique. Deux crocodiles habitaient le bassin. Un matin, je vis par la fenêtre mon mari à quatre pattes au milieu du parc : les crocodiles s'étaient échappés. On n'en retrouva qu'un seul. L'autre court encore, caché peut-être dans les entrailles du lac. Concurrencera-t-il dans l'imagination populaire son monstrueux cousin, le locataire du Loch Ness ?

Un parfum d'Histoire ajoute au romantisme des

lieux : dans le village de Pregny se dresse le petit manoir dans lequel Voltaire venait de Ferney pour jouer la comédie ; au bout de notre parc au bord du lac, l'un des havres où Joséphine, répudiée par l'empereur Napoléon, aimait à se réfugier ; un peu plus loin, à Coppet, Germaine de Staël, la fille du financier Necker, recevait dans son château son amie Juliette Récamier, accompagnée de son éternel soupirant, Benjamin Constant.

Mais c'est à Pregny que va se jouer le dernier acte de la vie de l'impératrice Elisabeth d'Autriche, femme de François-Joseph, la radieuse Sissi que les tragédies familiales (le suicide de son fils Rodolphe, la mort atroce de sa sœur, la duchesse d'Alençon, dans l'incendie du Bazar de la Charité) ont transformée en une vieille dame de soixante ans à peine.

En septembre 1898, elle annonce sa visite à la baronne Julie, sa très chère amie [1]. Le 9 au soir, « Élisabeth et Julie ont un souper en tête-à-tête d'un raffinement exquis, buvant dans de précieux verres de cristal, dînant dans de la très ancienne porcelaine viennoise, tandis qu'un orchestre caché joue de douces mélodies [2]. Puis elles se promènent lentement dans le jardin, jusque vers les serres, la fierté de la baronne Julie, où les arbres fruitiers sont disposés en espaliers : là, ne sont cultivées

1. Grâce à cette amitié, les Rothschild avaient leurs entrées à la cour des Habsbourg, si stricte sur l'étiquette qu'on n'y admettait que des personnes possédant au moins seize quartiers de noblesse.

2. Virginia Cowles, *The Rothschilds : a family of fortune*, Weidenfeld & Nicolson, London, 1979.

que des variétés anglaises par des jardiniers en gants blancs. Aujourd'hui encore, chaque cep de vigne est enduit au pinceau d'un mélange secret, chaque pousse est tendue une à une sur le mur. Dès que les grappes grossissent, on sélectionne les plus belles. Et dans chacune d'elles, on supprime aux ciseaux la moitié des grains pour permettre aux autres de mieux s'épanouir.

Bras dessus, bras dessous, les deux amies égrènent dans la nuit qui tombe d'ultimes confidences. A dix heures, le temps fraîchit. Avant de partir, l'impératrice signera le livre d'hôtes, mais en feuilletant machinalement les pages, elle trouve la signature du cher Rodolphe. Rompue la magie du lieu. Elle repart le cœur serré : sur le chemin du retour, elle ne cessera de parler à sa dame de compagnie, la comtesse Esterhazy, de la mort qu'elle redoute et espère.

La mort, le lendemain, est au rendez-vous. La baronne Julie avait proposé son yacht, le *Gitana,* à Élisabeth, désireuse de traverser le lac, mais celle-ci veut vivre la vie de tout un chacun : en attendant le bac sur le quai du Mont-Blanc, elle est assassinée par Lucheni, un anarchiste italien. Et le château de Pregny entre dans l'histoire comme la dernière étape de l'impératrice Sissi.

A Pregny, dans un petit volume de maroquin beige j'ai retrouvé la signature d'Élisabeth et celle de Rodolphe, ainsi que le menu du déjeuner.

Elisabeth Rudolf

Déjeuner de S. M. l'Impératrice d'Autriche le 9 Septembre 98.

S. M. l'Impératrice
Ctesse Sztaray
Madame la Baronne

Petites timbales à l'Impériale
Truite du Lac du Bourget
Filet de bœuf Jardinière
Mousse de Volaille Périgueux.
Chaud froid de perdreaux en Bellevue
Crème glacée à la Hongroise
Spongeade au citron
Marquis au Chocolat.

3 menus bleus et dorés sans chiffre

Service Vieux Saxe.

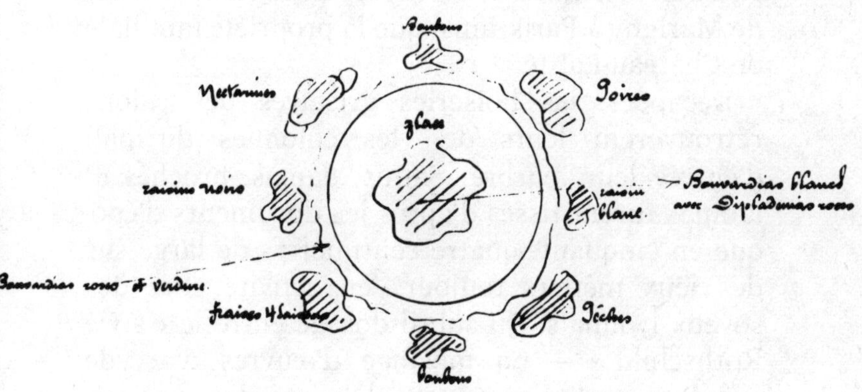

Le château, quand Edmond le reprit après la mort de son père, était un véritable garde-meuble, bourré de merveilles mais disposées sans charme aucun : s'il avait le sens de l'objet, le baron Maurice visiblement n'était pas passionné de décoration. Obsédé par le vol, il renfermait, dès qu'il voyageait et bien que la maison fût gardée de jour et de nuit, tous ses trésors dans des coffres, jusqu'aux toiles retirées de leurs cadres, jusqu'à certains meubles replacés dans leurs écrins telle la liseuse de Marie-Antoinette.

La première décision d'Edmond fut de construire une piscine dans le parc, un espace de rêve dans un pur style californien. Une fois faite cette concession aux temps modernes, il amorça la restauration du château en compagnie de son inséparable complice Henri Samuel, qui a fêté cette année ses quatre-vingts ans — un vieil habitué des maisons Rotshchild puisqu'il décora pour Guy le château de Ferrières en Seine-et-Marne, celui de Reux en Normandie, ou encore pour Alain, l'hôtel de Marigny à Paris, ainsi que la propriété familiale de Château-Lafite.

Décapées, les boiseries grisâtres des salons retrouvèrent leurs ors, les colonnes du hall d'entrée leur marbre. Satins, damas, brochés et lampas furent tissés d'après les documents d'époque en cinquante-quatre centimètres de large sur de vieux métiers toujours en activité chez des soyeux lyonnais. Du subtil dosage entre le « style Rothschild » — un mélange d'œuvres d'art de suprême qualité provenant de toutes les époques, allié au confort des sièges capitonnés en vogue sous le Second Empire — et les goûts personnels d'Edmond, amoureux inconditionnel du XVIIIe siècle, un palais de rêve a surgi, où la beauté se conjugue au présent.

Là, s'offrent au regard les admirables collections reçues par Edmond de ses père et grand-père, ainsi que de l'oncle Adolphe. Dans le petit salon, on ne finit pas de s'extasier devant le fameux bureau de Choiseul surmonté d'un cartonnier, une œuvre de Leleu ornée de bronzes de Caffieri, unique au monde : son luxe excessif hâta, dit-on, la disgrâce du premier des ministres de Louis XV. C'est sur ce bureau que Metternich et Talleyrand préparèrent l'acte final du Congrès de Vienne. Dans le grand salon dont les larges fenêtres s'ouvrent sur le parc et où nous nous tenons volontiers en été, Mme Vigée-Lebrun par elle-même converse avec la marquise de Pompadour peinte par Boucher et de très jolies dames de Nattier. Dans le salon Fragonard, des toiles célèbres reproduites à l'envi : *Colin Maillard, L'Escarpolette, Le Baiser volé,* à côté du *Bel Indifférent* de Watteau, à peine ému par la proximité de la commode de cette peste de Mme du Barry, la favorite de Louis XV — un pur joyau signé de Weisweiler orné par Van Loo de peintures sur Sèvres. Dans la salle à manger principale, le plus grand pastel du monde, représentant le Président de Rieux, le fils du financier Samuel Bernard, une œuvre de Quentin de La Tour dont le prénom trahit l'origine : il est né dans la même bonne ville que moi ! Dans le bureau d'Edmond, une collection de dessins XVIIIe, dont des sanguines de Moreau le Jeune et trois superbes Guardi.

Dans la bibliothèque, on découvrit, sous la soie élimée qui recouvrait les murs, de précieux cuirs de Cordoue. Dans ce lieu de prédilection, nous nous retrouvons avant le dîner en fort bonne compagnie : Saskia, la femme de Rembrandt, jeunesse blonde et songeuse, un peu émue peut-être à l'idée de l'enfant qu'elle attend. De belles anonymes en robe rouge signées de Luini. Le Greco par la magie de son autoportrait à la mine sévère. Une jolie fille de Bronzino. *Les Mayas au Balcon* de Goya dont les airs de conspiratrices semblent indiquer qu'un beau jeune homme passe sur la place. Et *Les trois Grâces* de Rubens dont les rondeurs laiteuses dansent à travers mon verre de champagne (empruntée par les Allemands, la toile fut récupérée intacte après la guerre dans une tour du château de Neuschwanstein en Bavière).

Ultime parure de la pièce, dans des vitrines écrins dignes du Louvre, du Palais Pitti ou du « Schatzkammer » de Vienne, les fabuleux trésors Renaissance rachetés à l'ex-roi de Naples par le baron Adolphe, des objets ayant appartenu aux Habsbourg, aux Bourbons et aux Médicis : des plats de cristal taillé, serti de vermeil, des aiguières, un extraordinaire pendentif de Benvenuto Cellini, une caravelle que toute femme rêverait de porter, un collier attribué à l'empereur Charles Quint...

Si Henri Samuel avait accompli un exploit remarquable à Pregny mais dans un style classique, il exprima sa joie et la plénitude de son talent dans la restauration d'Armainvilliers.

Le travail était considérable. Les dernières

années de sa vie, mon beau-père, un colosse de un mètre quatre-vingt-dix et cent vingt kilos, se terrait volontiers dans sa chambre; craignant pardessus tout la lumière, il avait fait installer des panneaux coulissants devant les fenêtres obstruées par des volets de fer, des voilages et de lourds rideaux; des étoffes épaisses étouffaient son lit à baldaquin. Il vivait dans des meubles style 1925 revu et corrigé en Tchécoslovaquie, drôles à force d'être laids (Benjamin, très impressionné par la personne de son grand-père dont il a fait son idole, m'a suppliée de les lui donner, ils sont dans sa chambre, rue de l'Élysée). Dans les autres pièces du château en revanche, comme à Pregny, s'entassait un mobilier magnifique.

Le thème fut tout de suite trouvé, on ferait de cette maison de style Tudor la demeure d'un Major Thompson qui aurait vécu à la fin du XIXe siècle, un rendez-vous de chasse anglais, en tout cas tel qu'un Français se l'imagine : depuis, j'ai eu l'occasion de constater que la plupart des vieilles demeures britanniques sont décorées dans un style beaucoup plus guindé que ne l'était Armainvilliers.

Edmond avait découvert dans les caves d'une banque les trophées de chasse de son père rapportés des Indes et des expéditions en Afrique, des gazelles, des buffles, des zèbres, des hippopotames, des rhinocéros. Aujourd'hui, ils montent la garde sur les murs de l'entrée et de la longue galerie qui sillonne le rez-de-chaussée, recouverte de tissu vert sombre et de boiseries de merisier et de poirier. Dans ce lieu merveilleusement accueillant et confortable, nous nous sentions bien, surtout lorsque les arbres craquaient et que l'hiver s'étendait sur le parc.

Dans le vaste hall, on plaça les meubles Renaissance en provenance de l'hôtel du baron Adolphe, dans le grand salon des meubles Boulle Louis XIV, et dans le bureau d'Edmond, la table de travail de son grand-père, un meuble Louis XV signé de Cressent, ainsi que les quatre bibliothèques qui l'accompagnaient, un ensemble au charme un peu sévère mais s'harmonisant bien avec cette campagne de Seine-et-Marne.

Edmond, ne trouvant pas son bonheur dans les tableaux XVIIIe qui provenaient de sa tante Myriam et de son père, acheta de très beaux tableaux hollandais, dont un David Téniers plein de gaieté qu'on accrocha dans le salon au-dessus de la cheminée — j'ai toujours eu pour cette toile beaucoup d'affection, peut-être parce qu'elle me faisait face lors de la célébration de notre mariage. Dans cette même pièce, un exquis Pissarro : au bout d'un grand parc touffu qu'éclairent des parterres de fleurs, une jeune maman protégée par son ombrelle de soie blanche contemple sa petite fille qui sonne de la trompette.

J'aimais tout dans notre maison jusqu'à son odeur indéfinissable, due sans doute aux bois cirés depuis des générations. Edmond m'avait fait aménager un charmant bureau donnant sur le parc : l'été, daims et biches croisaient devant mes fenêtres. Je voyais au loin les jeunes chevaux dans leurs paddocks, barrières en rondins sur pelouses très vertes. Un an ne s'était pas écoulé que mon mari fit installer dans cette pièce des bibliothèques pour aligner les livres du grand-père Jules Halphen, le polytechnicien. Six mois plus tard, j'y retrouvai un poste de télévision. Désormais, mon domaine devint celui d'Edmond qui, après le déjeuner, s'y réfugiait pour sa sieste et pour y regarder quelque série américaine — avec l'espoir d'apercevoir la vaporeuse Farrah Fawcett.

Comble du raffinement, Henri Samuel fit tisser des moquettes qui reproduisaient d'anciennes perses et délaver les cretonnes fleuries des chambres afin de rester dans des tons feutrés. A Armainvilliers, tout était parfait dans le moindre détail... mais plusieurs pièces restèrent en chantier : la maison n'avait pas été terminée par le baron Edmond, ni par le baron Maurice, elle ne fut pas terminée par mon mari. Ainsi le veut cette superstition répandue dans la famille : achever une maison, c'est accepter l'idée qu'on est au soir de sa vie. Aucun Rothschild, jamais, ne prendrait un tel risque.

J'aimais le parc, parsemé de pavillons de style anglo-normand comme la maison. Benjamin trouvait là, en grandissant, le plus beau des terrains d'aventure. Ensemble, nous nous promenions dans les vastes forêts de chênes, nous courions sur les pelouses parsemées de massifs de rhododendrons et de lauriers-roses. Nous faisions à bicyclette le tour du lac surnommé « la Mer de Brie » en raison de son étendue, nous saluions les cygnes, franchissions les petits ponts de bois qui relient les îles entre elles, souvenirs du temps où le grand-père Edmond s'était entiché d'un paysagiste japonais. Ensemble, nous nous rendions à la pagode sous les pommiers roses où notre aïeul aimait à prendre le thé après avoir amarré devant la porte une grande barque que dirigeaient les marins de son yacht. Mais le but de promenade préféré de Benjamin était le très vieux cèdre pleureur près duquel se trouvaient enterrés les chiens de la famille, sous des dalles de pierre, à côté, une statue de l'animalier Frémiet, à la gloire des chers disparus. Je me souviens de grandes randonnées à cheval et de chasses accompagnées des chiens.

Armainvilliers était un monde à part, aux portes de Paris, à vingt minutes par le train de la gare de l'Est : une petite gare, symbole du rôle joué par la famille dans le développement des chemins de fer, s'élevait juste en face de la grille. Armainvilliers, un monde où l'on vivait jadis pratiquement en autarcie. Il y avait un magnifique verger et un bassin long d'une cinquantaine de mètres dans lequel se miraient des statues. Outre qu'il conférait à l'ensemble une touche florentine, il servait, avant l'ère des réfrigérateurs, de réserve à poissons et de... bac à glace. Quand le bassin était gelé, on y découpait des blocs que l'on entreposait dans les glacières en prévision des sorbets ou du champagne frappé.

Au-delà du parc, s'étendaient à perte de vue des champs de fèves, de blé ou de maïs et une exploitation de trois cents vaches laitières, ferme modèle que, déjà au début du siècle, on venait visiter à des centaines de kilomètres à la ronde. Tous les corps de métier vivaient sur la propriété, des mécaniciens, des maçons, des couvreurs, trois menuisiers et une vingtaine de jardiniers. Il y a dix ans encore, elle comptait, femmes et enfants compris, près de cent quatre-vingts personnes.

Nous habitions aussi à Paris, et il était urgent de s'occuper de la rue de l'Élysée, car le petit pavillon du faubourg Saint-Honoré, garçonnière de rêve pour Edmond, était minuscule pour un couple avec enfant. Durant nos séjours en France, nous avions même dû envoyer Benjamin et Baba habiter Armainvilliers en attendant d'être mieux installés.

Edmond avait hérité de son grand-père au 41, faubourg Saint-Honoré un ensemble composé de l'hôtel Rothschild et de l'ancien hôtel Pereire. Après la guerre, son père vendit le tout aux États-Unis qui y installèrent leur ambassade.

Il gardait cependant au 10, rue de l'Élysée l'ancien hôtel de la maîtresse anglaise de Napoléon III, acheté au nonce apostolique quelques années plus tôt. Mon beau-père pensait y aménager une salle de bal et un musée pour abriter les collections dont il avait hérité. La guerre mit un terme à ses projets.

Edmond décida de faire de cette maison, située à quelques encablures de son bureau, sa résidence parisienne. Mais elle était dans un triste état. Il la fit raser, et ne conserva que la façade Second

Empire. L'architecte Christian de Galea reconstruisit un hôtel dans le plus pur style XVIIIe. Il fallut, afin de compléter un extraordinaire ensemble de laques chinoises XVIIIe, trouver les artisans capables de refaire un demi-panneau. Henri Samuel — toujours lui ! — réussit même le prodige de transplanter les boiseries de la salle à manger du grand-père d'Edmond dans celle de la rue de l'Élysée, en utilisant comme niches les embrasures de six anciennes fenêtres : là, Edmond plaça quatre très belles toiles d'Hubert Robert et une collection de porcelaines de Saxe, connue sous le nom de « Service au Masque ».

Il choisit de garder à Paris l'essentiel de l'héritage de sa tante Myriam. Dans le « Salon des Laques », il mit une commode en vernis Martin dont le décor bleu et blanc avait, avec le temps, viré au vert et au jaune citron : un meuble qui me fascine toujours, parce qu'il est une pièce unique (il n'existe qu'au Musée des arts décoratifs une encoignure assortie) et parce qu'il a appartenu à une Mailly-Nesle, maîtresse de Louis XV dont je n'ai jamais pu savoir le prénom. Et pour cause : sur les cinq filles du marquis de Nesle, commandant de la Gendarmerie Royale, quatre, Louise, Pauline, Diane et Marie-Anne, passèrent dans le lit du Bien-Aimé !

Dans le grand salon blanc qui ouvre sur le jardin, on disposa deux tapis de la Savonnerie et le mobilier de Heurtault qu'Edmond venait d'acquérir à Londres lors d'une vente Rothschild (fait rare car les Rothschild achètent toujours et ne vendent jamais rien). Il couvrit les murs de tableaux : dans la grande galerie d'en bas, *Le Déjeuner aux Huîtres* de De Troy, deux Lancret et plusieurs portraits de Boucher ; dans la bibliothèque, une tête d'enfant de Van Dyck, un petit blond à la peau fragile qui ne supporte pas le soleil.

Il voulut ajouter à cette demeure Grand Siècle un cadre de vie moderne. Jouxtant la maison, se trouvait une piscine, construite jadis par M. André, le propriétaire des palaces de Deauville. Avec le décorateur Alain Demachy et M. Rose, du Muséum d'histoire naturelle, il fit le pari fou de transformer ce bassin classique en un lac tropical agrémenté d'une cascade de trois mètres de haut et enserré dans une forêt de bananiers et de ficus ! On y descend par un escalier orné d'une rampe de Giacometti. De quoi rendre fou n'importe qui, sauf Bouboule, occupant permanent des lieux, dont les gros yeux globuleux montrent une totale impassibilité. Bouboule, le poisson, seul représentant rue de l'Élysée du monde animal avec le Sieur Ithaque de Rothschild, notre labrador noir.

Il fallait accéder à la piscine. De fil en aiguille, tout le sous-sol fut aménagé : une salle de cinéma, une galerie voûtée dallée de pierre blanche. Dans ce musée souterrain, Edmond exposa les verres irisés rapportés par son grand-père de Palestine et compléta cette collection par des antiquités grecques et égyptiennes — selon la tradition Rothschild, il importe non seulement de conserver mais encore d'enrichir les collections dont on hérite. Un scribe de la XVIIIe dynastie veille sur ce royaume.

En accord avec ce cadre contemporain, il acheta

de nouveaux tableaux, un Gauguin découvert par Maurice Rheims en Norvège, un Léger et un très amusant Kisling datant de 1942, année de l'arrivée du peintre à New York. Le sous-sol me plaisait mais je m'y sentais une invitée : pour bien marquer que c'était là son domaine réservé, Edmond avait d'ailleurs fait aménager un escalier débouchant directement dans l'entrée afin de pouvoir, avant le dîner, se rendre dans la salle de gymnastique et au sauna, ou prendre un verre avec ses amis sans avoir à les introduire dans le reste de la maison.

Au premier étage, où se trouvent nos appartements privés, Edmond m'a assigné le « Salon du Matin » qui ouvre sur notre chambre et donne sur le jardin, une pièce charmante tendue de soie gris perle aux motifs chinois, mais un peu trop chargée à mon goût d'objets précieux et fragiles. Inutile cependant de discuter : avec un autoritarisme tout rothschildien, le maître des lieux n'aurait pas admis que je déplace une potiche ou remplace une lampe dans cette pièce où tout avait été minutieusement pensé.

Vivre dans un cadre digne de Versailles est par plus d'un côté enchanteur. J'aime ce qui m'entoure, prends plaisir à disposer sur telle admirable commode un buisson de tulipes, ou peut-être une rose pour mieux mettre en valeur la beauté de ce meuble. Dîner dans un Saxe bleu ou vert est pour moi une fête. Lorsque je suis seule à Pregny, je redescends parfois le soir le grand escalier de marbre, on n'entend dans le château que le tic-tac des cartels et le glissement furtif de mes pas, je me promène dans les grands salons, allume tous les lustres rien que pour moi ; blottie dans un canapé, je rêve longuement devant Saskia. Je rêve aux fastes passés en caressant le dossier des fauteuils où les initiales de Marie-Antoinette sont entrelacées. Mais jamais je n'ai osé ouvrir son secrétaire, où peut-être elle cachait ses lettres d'amour au beau Fersen.

On ne prend pas impunément la place d'une reine. Cela exige une discipline de tous les instants. Impossible d'abandonner négligemment ses pantoufles ou son sac à main dans une pièce où l'Histoire a sa place, inenvisageable de s'y promener en jeans ou de s'y permettre des excès de langage. Laisser traîner un verre sur le bureau de Choiseul serait un crime de lèse-majesté, et Edmond considérerait comme une profanation de pousser le chauffage au-dessus de 17 degrés : les bois marquetés risqueraient d'éclater.

A Armainvilliers, j'avais eu le droit d'introduire quelques bibelots et gravures de mon choix, dénichés dans les réserves ou chez un antiquaire. A Mandegris, l'un de ses lieux favoris, Edmond requit, pour la première fois, ma collaboration. Il restait encore beaucoup à faire dans cette petite maison couverte de vigne-vierge située à l'autre extrémité de la propriété d'Armainvilliers.

Ensemble, nous choisîmes les tissus, les canapés et des tableaux de l'animalier Edouard Meritte. Je commençai aussi mes premières collections, l'une de barbotines, ces céramiques fin de siècle au décor délirant et aux couleurs hardies, l'autre de meubles hollandais XVIIIe incrustés d'ivoire et marquetés qui à l'époque ne valaient pas grand-chose et sur lesquels on se rue aujourd'hui. J'ai constitué bien d'autres collections depuis ; celle de cristaux de Bohême, jaunes, bleus, rouges et verts est si belle que me voilà devenue une experte en la matière.

Ravi du résultat de mes efforts, mon mari se mettait à me faire confiance. Bientôt il me laissa aménager notre chalet de Megève. Atmosphère chaleureuse, boiseries, meubles autrichiens et — innovation largement copiée — canapés en loden vert foncé. Avec le même désir d'harmoniser les intérieurs aux paysages, je décorai plus tard, avec Alain Demachy, un autre chalet en Autriche, notre maison de Césarée ensuite et celle de Château Clarke dans le Bordelais.

Une vraie folie, mes maisons, autant de travaux pratiques pour assouvir ma passion de la décoration. A Quiberon, séduite par cette côte sauvage, je chargeai une amie de me chercher une maison. Elle m'en trouva une, mais on ne put lui confier qu'une vue aérienne. J'eus le coup de foudre pour cette bicoque de pêcheur battue par les vents, et l'achetai sur l'heure, sans y avoir jamais mis les pieds.

Il y a les maisons à tenir, les amis de passage à accueillir, les réceptions à assurer. Les coups de baguette magique n'existant que dans les contes, il faut être réaliste : ma chaîne « Relais et Châteaux Edmond de Rothschild » a besoin pour fonctionner de beaucoup plus que mes deux bras et ma bonne volonté.

Quand je me suis mariée, le personnel déjà en place était irréprochable. Ce sont eux, les anciens, qui ont formé les nouveaux, leur ont inculqué l'amour de ce métier. Un amour bien chevillé au cœur si l'on en juge par certains états de service.

Raymonde, dont les parents étaient métayers à Armainvilliers, entrée en 1936 comme femme de chambre au service du baron Maurice et toujours souriante : 48 ans de maison.

L'irremplaçable Marcel à Megève : 37 ans de maison.

Violette, ma femme de chambre à Paris qui veille sur moi avec la tendresse d'une mère : 33 ans de maison.

André, son père, était serriste à Pregny, engagé au château à vingt et un ans, aujourd'hui maître d'hôtel et précieux intendant : 32 ans de maison.

Albert qui joue le même rôle à Paris : 26 ans de maison.

Jacques, notre chauffeur en Suisse : 24 ans de maison.

A Paris, Jacky, chauffeur-confident d'Edmond : 22 ans de maison.

Ne parlons pas de la chère Annecy qui, au hit-parade de la fidélité, bat tous les records : en septembre 1929, jeune Suisse des Grisons aux nattes rousses relevées sur la tête, elle accepte de remplacer pour une semaine la nurse grippée d'Edmond, un bambin de trois ans. Elle désirait apprendre le français. Elle a eu tout loisir de parfaire ses connaissances : depuis cinquante-cinq ans, elle est membre à part entière de la famille !

Travailler pour les Rothschild équivaut à travailler pour un grand hôtel : ceux qui y réussissent sont l'aristocratie du métier. Leur origine est diverse : ma femme de chambre à Pregny, la jolie Mme Laurenti, était secrétaire à Genève ; Patrick, le second maître d'hôtel, un jeune au large sourire, aux bonnes joues vermeilles, était chauffeur-routier. Et c'est un ancien vendeur qui est responsable des serres, seul capable de pratiquer cette culture à l'ancienne.

Pour répondre aux exigences de la maison, il faut pratiquement se délester de tout ce qu'on a appris et reprendre sa formation à zéro. Celui qui se contenterait de faire « comme chez lui » ne tiendrait pas longtemps. J'en veux pour exemple Albert et les multiples commandements qu'il s'impose :

— Disponible tu seras dès que les patrons seront là, de jour comme de nuit. Jamais ne te coucheras avant que le dernier invité soit parti.

— Débordé jamais ne te montreras, même si cent personnes reçois, et autant le lendemain à midi.

— Infiniment raffiné tu seras pour disposer une table jolie ; entre les porcelaines, Saxe, Sèvres ou Bordeaux, choisiras comme entre les couverts d'argenterie.

— Une poigne de fer tu auras pour servir à bout de bras des plats d'argent de dix kilos, portant longe de veau par surcroît.

— Une main en or posséderas pour délicatement essuyer mille trésors qui aux siècles ont résisté.

Ajoutez à cela la nécessité d'un sens de l'organisation hors pair, d'une mémoire sans faille (pas question d'ouvrir dix placards pour trouver tel sucrier), d'une élégance irréprochable depuis le matin (pantalon bleu, blazer, chemise blanche, cravate noire) jusqu'au soir (pantalon rayé et veste noire), et d'une honnêteté, cela s'entend, au-dessus de tout soupçon. Et vous aurez un aperçu des contraintes qui pèsent sur notre personnel ! J'en ai conscience et donne aujourd'hui la préférence à des célibataires, plus libres de leur temps et ravis de voyager, Eric, notre chef de vingt-deux ans, ne cesse de se déplacer entre Pregny, Megève, Bordeaux et Paris.

J'essaie surtout d'organiser au mieux le travail pour limiter, si faire se peut, celui de chacun. Je griffonne des petites notes que j'accroche partout. A chaque étage, j'ai fait installer une cuisine pour le petit déjeuner qui, sinon, aurait bien des chances d'arriver, du sous-sol, glacé dans les chambres. Bien qu'il y ait soixante-dix téléphones à Pregny, j'ai glissé dans les poches des maîtres d'hôtel de petites machines électroniques qui font bip-bip lorsqu'on les demande. Pas un voyage dont je ne rapporte un de ces gadgets qui leur épargnent et du temps et de la fatigue.

Le style Rothschild ne concerne pas seulement la décoration des maisons, subtile alliance de confort et de pièces de musée. Le style Rothschild, c'est aussi un art de vivre, de recevoir, poussé à la perfection et que l'on retrouve invariablement chez tous les membres de la famille.

Edmond et moi bien sûr n'échappons pas à la règle. Jeune fille, j'étais maniaque ; vivre avec un homme aussi méticuleux que mon mari n'a rien arrangé.

A Paris, mes tournées d'inspection à la banque sont célèbres. « Attention, le général arrive ! » Et les cartes postales de Belle-Maman et de tante Berthe disparaissent par miracle au fond des tiroirs, les manteaux qui traînaient sur les chaises rejoignent les placards, les vieux pots de fleurs chavirent au fond des corbeilles. Malgré mes interventions répétées, un jeune directeur persistait à laisser son imperméable et son casque de moto au milieu de la pièce : « Je vous préviens, monsieur, si vous ne les rangez pas, je les passe par la fenêtre, lui dis-je un jour. Vous irez les chercher dans la rue. »

Je l'aurais fait si Henri Emmanuelli n'était devenu entre-temps secrétaire d'État aux DOM-TOM puis au Budget...

Dans une maison, l'important est de soigner le détail. La table est le lieu principal des échanges, l'endroit où l'on peut enfin se parler. Même si nous sommes seuls, même si nous n'avons qu'un couple d'amis, chaque repas est une fête.

A la fête, tout participe. L'élégance du cadre, le raffinement du couvert, nappe brodée, argenterie, vaisselle décorée, bougies, feu dans la cheminée en n'importe quelle saison, choix des parfums, élégance (avec mon mari, je n'ai jamais dîné autrement qu'en robe longue, c'est surtout lors de nos tête-à-tête que je m'offre la joie de me parer de mes plus beaux bijoux). Essentielle aussi bien évidemment : la qualité de la table.

« Mettre les petits plats dans les grands » : j'adore cette expression, lourde des mille attentions que doivent avoir les maîtres de maison. Les jours de chasse, Edmond aime inventer de nouveaux cocktails (jus de viande, vodka, piment, ou encore jus de légumes passés au mixer, moins triste qu'une tomate en boîte). Sa grande spécialité : le pilipili hoho ! On s'en relève mal... Même si personne ne goûte à ces mélanges explosifs, ils sont le signe que le maître de maison s'est réjoui par avance de cette soirée.

Il décide aussi des menus qui s'accordent à ses goûts pour une cuisine traditionnelle, bourgeoise, adaptée aux saisons, utilisant les produits du terroir, même s'ils sont aussi démodés que les salsifis, les crosnes, les blettes, la rhubarbe ou les topinambours. Gourmande et curieuse, je détecte immédiatement dans un plat ce qui n'est pas parfait. J'en discute avec notre jeune chef, toujours obligé de s'améliorer.

A l'affût des nouveaux plats, je rapporte les cartes des meilleurs restaurants pour y puiser des idées : si le mets qui m'a plu est trop difficile à réaliser, j'envoie notre chef dîner en ville pour qu'il en découvre les secrets. Il a l'autorisation de plonger son nez dans les fourneaux de mes amies, chez Michelle Givaudan, spécialiste du lapin à la broche, chez Mercedes de Gunzburg qui avec des riens fait le dîner du siècle. Et c'est Marcel, notre chauffeur à Megève, qui lui révéla les règles du vrai pot-au-feu à l'ancienne.

C'est encore et toujours Edmond qui s'occupe des vins. Il veille à ce qu'ils soient servis à la bonne température, 12° C pour un blanc, un rosé ou un champagne (on les met dans un seau à glace seulement pour empêcher qu'ils ne se réchauffent), 18° C pour un bordeaux, 19 ou 20° pour un vieux bourgogne. Il ouvre à temps les bouteilles, afin de les laisser s'oxygéner selon leur âge, maximum douze heures, minimum une heure. Moins encore s'il s'agit d'un Lafite 1934 que l'on boit au moment de l'ouvrir car, vu son faible taux d'alcool, il risquerait de passer. Ultime égard pour les convives : servir le vin en carafe afin de mettre en valeur sa robe et d'éviter le fond de la bouteille.

Maintenir la tradition dans le vin est une des grandes préoccupations d'Edmond : la famille était déjà bien représentée dans le Bordelais avec Elie puis Eric de Rothschild à Château-Lafite, à Mouton avec le cousin Philippe, descendant de la branche anglaise. En 1972, mon mari résolut de se lancer à son tour dans l'aventure, choisissant à dessein non un cru célèbre mais un domaine où il y avait tout à faire, celui de Clarke dans le Médoc à Listrac.

Pendant les années précédentes, le prix du vin n'avait cessé de grimper. En 1973, les cours s'effondrèrent. Nos vignes étaient alors en plantation. Edmond continue sur sa lancée, investit dans ce projet des trésors de passion, de patience et beaucoup d'argent. Il s'entoure des spécialistes les plus renommés tel le professeur Peynaud qui le guide dans le choix des cépages et des procédés de vinification en accord avec le sol argileux de Clarke.

De cette somme d'efforts naît en 1979 un nouveau Listrac, le « Château-Clarke » : notre but n'est pas d'en faire un premier grand cru classé comme Lafite, ni même un secrond cru, mais d'atteindre la perfection dans sa qualité, celle des crus bourgeois. Il semble, après trois ans de production, que nous touchions le but. Edmond se réjouit de cette réussite commerciale (doublée d'un apport de devises important puisque 80 pour 100 du vin est exporté vers l'étranger) et de boire un vin qui réponde à ses goûts personnels (Dieu sait si son palais, habitué aux meilleures bouteilles, est exigeant). Il s'était juré de produire un cru de qualité. Il est en passe de gagner ce pari.

L'HEUREUX temps que les années soixante... On avait oublié la guerre, le malheur qui avait un moment paralysé l'Europe. Quinze ans déjà ! Les affaires reprenaient. 1968 n'était pas encore là : on n'avait pas de complexes, on ne se croyait pas obligé d'enfiler un jean sous son vison.

Nous nous amusions comme des fous. L'art de la fête était à son comble, la fête qui rend les femmes belles et transforme en grands gamins les hommes les plus importants, la fête qui repousse très loin le quotidien dans les brumes du lendemain.

Je l'ai vite compris : quand Edmond rentrait à la maison, il exigeait que je sois là et toute à lui.

Je pris donc l'habitude, que j'aie mille choses à faire ou simplement envie de flâner, de revenir toujours avant lui en fin d'après-midi. C'est vrai aujourd'hui comme il y a vingt ans. Si, par malheur, il me retrouvait assise au salon en train de bavarder avec des amies, il les dévisageait de la tête aux pieds, l'air de dire : « Mais que faites-vous ici ? » Un accueil si glacial que les plus téméraires de mes visiteuses se hâtaient de partir.

Lorsque cet homme a décidé de me voir seule, il balaie ce qui le gêne d'un grand revers du bras. Mes amies étaient sidérées : « Comment supportes-tu cela ? » Je voyais la situation autrement, peut-être émue et flattée qu'il eût vraiment besoin de moi.

Et puis, comment m'en plaindre. Il n'y a rien que j'aime plus au monde que d'être seule avec lui. Lors de nos tête-à-tête il me parle des heures durant de ses affaires, de notre fils, de l'avenir tel qu'il le voit. J'écoute ; il me laisse à peine le temps de finir mes phrases mais qu'importe : avec lui, jamais je ne m'ennuie.

Bienheureux moments, mais trop rares ! Car, pendant les premières années de notre mariage, si nous ne recevions pas, nous sortions tous les soirs.

J'ai toujours détesté me coucher tard : être au lit à neuf heures, quitte à me lever aux aurores le lendemain, est mon rêve. Pas de chance : mon mari était un noctambule impénitent. Nous commencions la soirée chez Lasserre, Le Doyen ou, avec force blinis, caviar et vodka, dans les restaurants russes, le Raspoutine, le Novy aujourd'hui disparu. Nous fréquentions aussi tous les bistrots de Saint-Germain, ce petit club de la rue Saint-Benoît où se produisait un orchestre de jazz. Edmond se saisissait alors du micro, chantait son répertoire préféré : Charles Trénet, Montand, Sinatra (depuis vingt ans, son répertoire est resté le même, toujours Trénet, toujours Montand, toujours Sinatra). On l'applaudissait à tout rompre, il était aux anges. Moi, l'artiste, j'étais dans la salle. Dire que je m'étais juré de ne jamais faire ma vie avec un homme de spectacle...

Second acte de nos tribulations nocturnes, l'inévitable tournée des boîtes : Castel, Le Club de Paris, Le Privé, que sais-je encore. S'il n'était que trois heures, Edmond me disait : « Il est encore trop tôt. Allons faire un tour chez Régine. » Nous y retrouvions les mêmes « incouchables » et, invariablement, terminions la nuit autour d'un plat de spaghetti, tandis que les garçons ensommeillés empilaient les chaises et vidaient les cendriers. « La Baronne rentre à cinq heures », titra un journaliste en mal de copie.

A l'heure du laitier, lorsque le premier rayon de lumière s'infiltrait à travers les volets, je pouvais enfin me coucher. Et à huit heures, la femme de chambre avec un grand sourire m'apportait le thé.

Tandis que j'essayais péniblement de me remettre sur pied, Edmond partait abattre ses dix heures de travail, frais comme un gardon. Mais aujourd'hui je tiens ma revanche : béni soit l'âge qui vient et donne à mon mari envie de se glisser à dix heures dans mon lit !

Nous recevions beaucoup ! Dîners classiques de

dix-huit couverts dans la grande salle à manger. Dîners-cinémas une fois par mois : quarante personnes par table de huit couverts ; la soirée se terminait au sous-sol pour y voir un film en avant-première. Au printemps, déjeuners de soixante convives dans l'orangerie longue et blanche dont les larges baies ouvraient sur les jardins en fleurs.

Je m'amusais à placer mes invités non en fonction de leurs affinités mais de leurs différences. Je mêlais comédiennes et industriels, femmes d'affaires et artistes, hommes politiques et mannequins : Jean-Claude Brialy voisinait avec la styliste Primrose Bordier, Sophia Loren charmait de ses yeux en amande le président de Rhône-Poulenc, le chancelier autrichien Kreisky, Gaston Thorn ou un professeur de faculté. Venaient également Thierry Le Luron et Alain Poher, Alain Delon et Edgar Faure, Mireille Darc et Raymond Barre, Line Renaud et André Lwoff, et tant d'autres encore...

Lorsque seuls étaient conviés les intimes, je multipliais les surprises. Un soir, Edmond, après une dernière inspection de la salle à manger, me demande : « Où est le plan de table ? — Ne t'inquiète pas, mon chéri, je m'en suis occupée. » Avant le dîner, toutes les femmes disparurent. Quelques instants après, Albert annonçait : « Monsieur le Baron, le dîner est servi. » Stupéfaction : vingt femmes identiques apparurent ! Même robe en lamé argent, même turban, même loup à voilette noire, mêmes bijoux, mêmes escarpins scintillants. J'avais manigancé toute l'affaire, acheté des mètres de tissu, organisé les essayages.

Les hommes restaient bouche bée. Ils essayaient de repérer leur légitime moitié sans le moindre succès. Que de fous rires !

Le sens de la fête, on l'a ou on ne l'a pas. De l'argent et un bon décorateur n'ont jamais suffi à créer une ambiance réussie. Il faut payer de soi-même. Nous le faisions, Edmond et moi, pour une raison très simple : nous adorions ça !

Jamais nos soirées ne furent guindées. Même lorsqu'elles réunissaient plusieurs centaines de personnes, elles avaient un air de fantaisie. C'était une étrange alchimie : la qualité des fêtes Rothschild, le cadre, l'excellence du dîner, pimenté par l'hédonisme d'Edmond et mon goût du spectacle.

Nos réveillons de fin d'année à Armainvilliers étaient une perle dans le genre : la journée, on chassait en petit comité. Vers dix heures, cent invités, ou même plus, nous rejoignaient pour le dîner. L'apogée fut sans conteste atteint le 31 décembre 1974 (les années soixante-dix savaient encore être folles) où j'offris à Edmond et à une salle médusée une revue de véritables professionnels.

J'avais battu le rappel dès le mois d'octobre, préparé les sketches, choisi les musiques, les chansons. Nous répétions deux fois par semaine : un vrai prodige de réunir tout le monde en même temps, car il y avait toujours un ami qui partait pour New York, quand l'autre revenait du Brésil.

A Armainvilliers, je travaillais comme une forcenée, je voulais, avec l'aide d'Albert, faire de notre sous-sol la copie conforme de la plus célèbre boîte de nuit de New York, El Morocco. Nous avions installé cabines d'habillage et salles de maquillage dans le « métro », le couloir bas voûté tout carrelé de blanc qui serpente sous la maison : il reliait autrefois le château aux cuisines exilées par la baronne Edmond, qui ne supportait pas les odeurs, à cent mètres de là ; un système de wagonnets glissant sur des rails assurait, comme à Ferrières, le bon acheminement des plats.

Le jour J, quelle effervescence dans les coulisses ! Le célèbre maquilleur Michel Deruelle que j'avais réussi à débaucher pour cette soirée mémorable traçait des yeux de biche à la chaîne, recollait les faux cils. Les chignons croulaient, les derniers ourlets craquaient. On voyait gambader des marins à pompon, des danseuses de french cancan. De belles Espagnoles à frou-frou se prenaient les pieds dans leurs volants ; douze Mireille Mathieu ajustaient leur perruque à frange brune ; une horde de nymphettes en collant chair sous des imperméables transparents à pastilles faisaient tournoyer leur parapluie au risque d'éborgner leurs voisins. Seuls, Janine Vernes et Charles de Gramont, répétant une ultime fois *Milord,* l'impérissable succès de Piaf, restaient la tête froide.

Au départ, persuadé que nous allions vers un désastre, Edmond pleurait de rire et les autres aussi. Vint le clou du spectacle. La salle plongée dans le noir, on projeta sur un écran quelques images d'un navet que j'avais naguère tourné avec

Fernand Raynaud. On m'y voyait en danseuse de cabaret style Marilyn Monroe, collant noir et bas résille, entourée de beaux cow-boys. Et sur la scène, soudain, dans un halo de lumière, le même tableau au détail près. Nadine en chair et en os chantant de la même voix langoureuse la même mélopée. Le tout en play-back pour limiter la casse !

En finale, la brigade de maîtres d'hôtel et de cuisiniers, en livrée bleue et jaune, défilèrent sur l'air d'*Hello Dolly,* le pas cadencé, le plateau au bout des doigts, dignes des comédies musicales américaines. Tandis que le rideau tombait, la salle éclata en applaudissements. Je n'étais pas peu fière d'avoir offert à des amis qui étaient loin d'être des acteurs l'occasion de se surprendre eux-mêmes grâce à beaucoup de bonhomie et à une énorme dose de joie de vivre.

Les surprises n'étaient pas à sens unique : ainsi, pour l'un de mes anniversaires, je découvris la rue de l'Élysée métamorphosée en paradis terrestre, envahie d'arbres et de plantes tropicales, de fruits exotiques et de lianes. Les serveurs antillais en pantalon de satin et gilet brodé virevoltaient dans l'orangerie, où d'immenses palmiers jaillissaient du centre des tables couvertes d'orchidées. Sur la piscine, avait été aménagée une piste de danse, tandis qu'un orchestre des îles jouait sous les bananiers.

Dans ce décor de rêve, habillée d'une ravissante robe de Courrèges, volants et ruchés blancs et roses, entourée de ceux que j'aimais, je savourais la joie de franchir si légèrement cette ligne que tant de femmes croient fatidique : le cap des quarante ans !

Mais ce fut en Suisse à Pregny que se déroulèrent les plus élégantes de nos fêtes, toujours au mois de septembre, en ouverture de la saison et à l'occasion de l'anniversaire d'Edmond.

Je donnais à chacune un thème et un cadre différents. Dans la volière eut lieu « Le Bal Rose » où toutes les femmes ressemblaient à des fleurs. Les roses en tissu qui grimpaient le long des arceaux étaient si belles que j'en vis plus d'un chercher à capter leur parfum. Dans la nuit, on éteignit les mille feux de la fête et une lumière noire transforma les hommes en grandes ombres surmontées d'un col blanc et les femmes en lucioles phosphorescentes ! Rêve d'un soir, caverne magique où les poissons eux-mêmes, dans leurs grands aquariums, recouverts d'écailles d'or, scintillaient de plaisir.

Le bal Boldini du 13 septembre 1975 restera dans les mémoires de mes amies comme l'une des plus grandes heures de Pregny. J'ai toujours adoré les immenses toiles de Boldini, ce peintre mondain qui fut à la Belle Époque la coqueluche du Tout-Paris. Le baron Maurice avait vécu entouré des portraits de ces femmes aux longues robes somptueuses, parées d'émeraudes, de perles et de rubis. Je me mis en tête d'inviter ces déesses à l'une de mes soirées.

Nous avions déjà reçu dans le château et dans la volière, je décidai d'investir le manège, une immense rotonde ; l'oncle Adolphe l'avait construit à l'intention de la reine de Naples qui, grande cavalière, venait séjourner à Pregny pour y dresser ses chevaux. Depuis l'époque de mon beau-père, le manège n'avait jamais servi. Le toit, tapissé à l'intérieur de lattes de bois, était en bon état. Pour le reste, rien sinon une vaste piste sablonneuse.

Redonner vie à ce lieu fut un travail de Romain que je ne pus mener à bien qu'avec l'aide de toute mon équipe de Pregny, toujours en cachette d'Edmond, se doutant bien de quelque chose mais ignorant la révolution qui se tramait derrière les buissons. On fit placer un parquet, on aménagea des estrades sur le pourtour et une piste de danse tout au fond. On installa le chauffage, les canapés furent recouverts de moire, dans un subtil dégradé de tons, du mauve au rose fuchsia.

Petites tables rondes, chaises dorées, profusion de plantes vertes, pommiers en pots ployant sous les fruits. Le long des murs, on accrocha les dix-sept toiles de Boldini hautes de deux mètres cinquante et des spots de lumière vinrent éclairer les somptueuses égéries du baron Maurice. Derrière l'orchestre, présidant le bal, le monumental portrait de la marquise Casati avec son grand chapeau noir et son bouquet de violettes donnait le ton à la soirée. Des violettes, il y en avait partout, sur les tables, les buffets, autour de l'orchestre et jusqu'aux boutonnières des invités. Une costumière russe travaillant pour l'Opéra de Paris m'avait fait une robe de satin vert dans le plus pur style 1900, recouverte de chantilly noire, incrustée de petits diamants, juponnée de trois épaisseurs de tulle rose, mauve et violet (une véritable horreur !).

Parmi les cinq cents invités venus d'Europe, des États-Unis ou d'Amérique latine, les hommes en habit ou en uniforme chamarré, les femmes en dignes répliques de leurs lointaines aïeules, on voyait passer la duchesse d'Orléans et Marie-Gabrielle de Savoie, le prince Victor-Emmanuel et la princesse de Naples, Hélène Rochas, Romy Schneider, Audrey Hepburn, Ted Kennedy, Gina Lollobrigida, Gloria Swanson, Estée Lauder, Edgar et Lucie Faure, Yul et Doris Brynner, Véronique et Gregory Peck, nos amis genevois Xavier et Michèle Givaudan, Jean-Jacques et Marie-Paule Michel, Clarina et Sophie Firmenich. J'avais surtout pris soin de mélanger les générations et de convier à la fête et la jeunesse et la beauté.

Pour les cinquante ans d'Edmond, une vaste tente surmontée d'un énorme « Happy Birthday » en lettres de néon avait été dressée devant la maison, sur la pelouse du parc. J'avais voulu associer à cet anniversaire onze des amis d'Edmond, nés la même année que lui. Je fis exécuter leur portrait par un peintre et le reproduisis en médaillons sur les cartons d'invitation et sur les menus.

Notre hôtel du Mont d'Arbois à Megève devait assurer l'essentiel du buffet. A quatre heures de l'après-midi, on m'annonce que le camion a dérapé et s'est couché dans le fossé. Petits fours et plats cuisinés avaient volé dans la nature. Rien. Il ne restait rien de ce splendide buffet. Et j'attendais quatre cents personnes à huit heures du soir...

Aussitôt, je téléphonai à tous les hôtels, aux traiteurs, aux charcutiers de la région. J'organisai — dans quelle panique ! — un buffet campagnard et des plateaux de fromage. Suprême désastre : on avait sous-estimé le nombre des bougies et mes invités durent tâtonner dans une demi-obscurité, sans pouvoir retrouver leur place. Mais, à part ça, Madame la Baronne, tout va très bien, tout va très bien...

Il est d'autres fêtes, plus familiales, dont j'aime aussi à me souvenir : les quatre-vingts ans de l'oncle Eugène par exemple à Armainvilliers. La famille était au grand complet, venue des quatre coins du monde pour fêter son doyen, issu de la branche autrichienne. Un homme courageux qui, pendant la Première Guerre mondiale, avait eu la jambe fracassée sur le front russe. Cet impénitent curieux, mathématicien par plaisir, était plus intéressé par les voyages que par la banque. Il avait épousé une merveilleuse Anglaise, l'actrice Jeanne Stewart. Les sujets de conversation, nous n'eûmes aucune peine à en trouver : par un curieux hasard, elle avait épousé en premières noces... Lord Docker, le père de Lance, mon ancien fiancé ! J'appris avec plaisir que, marié à une Espagnole, Lance avait deux superbes enfants.

Fêtes surprises. Cadeaux surprises. Comment faire plaisir à quelqu'un qui a tout ? Y'a qu'à, me direz-vous, avoir de l'argent et un peu d'idée...

Mon premier cadeau à Edmond fut une Land-Rover qu'il trouva devant la porte de Mandegris tandis qu'éclatait un feu d'artifice. Nous n'étions pas encore mariés et je comptais bien l'impressionner par ce présent somptueux dans lequel j'avais englouti une partie de mes économies. A cette époque, il adorait rouler à tombeau ouvert en forêt. Aujourd'hui qu'il n'a plus l'âge d'un aventurier, je flatte plutôt sa passion de l'art, recherchant, souvent des mois à l'avance, la pièce unique qui enrichira sa collection d'animaux en bronze, de maquettes de bateaux XVIIIe, ou de hanaps du XVIe siècle. Pour nos vingt ans de mariage, connaissant sa passion pour les chiens de Gallé, je lui ai apporté un amour de clébard devant lequel j'étais tombée en arrêt.

A la femme qui a tout, que peut-on offrir ? Inutile de s'évader du classique, nous sommes toutes d'accord, un bijou, une fourrure font toujours plaisir. Ou bien ce superbe présent que me fit, pour mes cinquante ans, « mon petit clou », notre ami Pierre Sciclounoff. Dans son bel hôtel particulier de Genève, construit par Abeille sous la direction de Mansart, le « Happy Birthday » qui accompagna l'arrivée du gâteau rituel fut peu ordinaire : celui qui l'entonnait n'était autre que Placido Domingo lui-même.

Il y eut en revanche quelques fausses notes dans le cadeau que décida un beau jour de m'offrir Maurice Rheims : mon portrait par Glasounov, un jeune peintre russe, venu spécialement de Moscou pour faire celui du général de Gaulle, alors chef de l'État.

Il arriva en grand équipage, accompagné de son interprète. Autour d'une tasse de thé, j'appris qu'il ne pouvait trouver son inspiration que dans la musique. L'interprète ajouta : «Mme la Baronne possède sûrement tous nos grands classiques. Nous n'aurons que l'embarras du choix. » En effet, nous avions le choix : Trénet, Montand, Sinatra. Rien d'autre. Ab-so-lu-ment rien d'autre. Faute de mieux, *Strangers in the night* remplaça tout l'après-midi Prokofiev et Moussorgski.

La séance de pose du lendemain fut plus épique encore. Le maître m'avait priée de porter quelque chose de plus décolleté, je passai une robe en organdi blanc rebrodée de fleurs vertes de Nina Ricci, que l'on venait de me livrer. Le voilà qui s'approche de moi assise sur une bergère. Il insiste pour que je révèle un peu plus mes charmes, s'approche encore, encore... Je me dégage, deux volants restent dans la bataille.

C'est de mémoire que ce Slave, par trop entreprenant, acheva son œuvre. Le soir où je voulus emporter la toile à Armainvilliers, je glissai dans une flaque d'eau : le tableau y ramassa une superbe moustache qui y est toujours.

Je me souviens d'un autre portrait commencé par Salvador Dali. A peine arrivais-je dans leur suite de l'hôtel Meurice, l'artiste et sa femme Gala (elle ne manquait aucune séance de pose) me mitraillaient d'étranges questions : quelles étaient les valeurs boursières à acheter, les placements à réaliser ? Fallait-il investir dans l'or ou dans la pierre, dans le pétrole ou dans la General Motors ? Ils refusaient de croire que c'était là le cadet de mes soucis. Comment la femme d'un financier pouvait-elle ignorer ces données essentielles ?

Gala, qui gérait admirablement les affaires de son cher Salvador, s'indignait : « N'oublie jamais, Nadine, l'amour pour une femme, c'est d'abord de s'identifier à son mari. »

Je refusai de me transformer en agent de change. En conséquence, le grand Maître n'acheva jamais mon portrait.

Autre cadeau : celui que nous fîmes à notre ami, le prince Jean Caracciolo, pour ses quarante ans. Au moment du dessert, un chauffeur se présenta devant lui en disant : « La voiture de Monsieur le Prince est avancée. » Garée devant notre porte, l'attendait une superbe Rolls noire d'un âge respectable entourée d'une grosse faveur rouge, le rêve de cet amateur de voitures anciennes. Prévenu, Georges Pompidou, alors président de la République, et grand ami de Jean, s'était mis à sa fenêtre pour le plaisir de voir la tête éberluée du nouveau quadragénaire.

En mai 68, Roland d'Andlau arriva bien tranquillement chez moi, rue de l'Élysée, portant au bout du bras ma première carabine. Il avait franchi les barrages de police, les chicanes des gardes mobiles, il était passé sous les yeux des inspecteurs postés sur les toits et les balcons. Personne ne l'avait remarqué ! Morale de l'histoire : un monsieur à la bonne mine peut toujours tromper les services de police les plus vigilants.

Parfois, Georges Pompidou regardait à sa fenêtre. De l'autre côté de la rue, j'étais souvent à la mienne et, en voisins, nous nous faisions des signes amicaux. Combien de fois ai-je vu nos présidents de la République marcher dans les jardins de l'Élysée, de Gaulle longtemps, Poher l'espace d'un instant, et Pompidou, et Giscard d'Estaing, et Mitterrand, accompagnés de leur chien, tous faisant les mêmes gestes, tous prenant les allées dans le même sens, comme si le char de l'État, quel que fût son guide, ne pouvait suivre qu'un seul et même chemin.

Côtoyer les Grands de ce monde ne m'a jamais effarouchée. Recevoir cinq prix Nobel d'un coup me parut tout de même beaucoup. Je me demandais perplexe ce que j'allais bien raconter à ces grands esprits. Après le café — on leur avait, il est vrai, servi champagne, sauternes et foie gras —, le Nobel japonais m'offrait son éventail d'ébène et de nacre, le Latino-Américain m'entraîna dans un tango argentin. Et le Français, irrésistible, faisait bien sûr la cour aux plus jolies têtes chercheuses de notre Fondation scientifique...

Quel luxe de découvrir, sous leur carapace de célébrité, de grands artistes comme Arthur Rubinstein, Isaac Stern, Daniel Barenboïm, ou encore Maria Callas, rencontrée pour la première fois chez Pierre Sciclounoff. La table de ce fin gastronome, membre du Club des Cent, est une des plus célèbres de Genève. On y servit un somptueux repas, truffes fraîches, gigot d'agneau entouré de cardons à la moelle, soufflé à la fraise sauce framboise. Maria Callas admirait chaque plat mais, tout au long du dîner, elle resta assise devant son assiette sans jamais l'effleurer. En sortant de table, elle me prit par le bras : « Voyez-vous, me dit-elle, ce geste-là (et elle tourna la tête de droite à gauche comme si elle refusait un plat) pour ne jamais grossir, c'est encore le meilleur exercice qui soit. » Quant à Onassis, je l'ai toujours vu arriver avec terreur dans les boîtes de nuit où j'étais avec Edmond. Entre ces deux loups de mer, les discussions passionnées sur les mérites de leurs bateaux respectifs étaient sans fin, la bataille navale pouvait durer jusqu'à sept heures du matin. Je les quittais subrepticement et rentrais au port, retrouvant avec délices mon lit plus tôt qu'à l'accoutumée.

Parmi ceux qui ne sont plus, je garde un souvenir particulièrement ému d'Albert Cohen, mon voisin à Genève. L'écrivain me récitait des poèmes, me pressait sur son cœur, clamait de fougueux « Nadine, je t'aime » sous le sourire complice de sa femme. Il était, prétendait-il, touché de découvrir en moi au soir de sa vie l'incarnation d'Ariane, la « Belle du Seigneur ». Au bord de la piscine du Club Foch, j'avais plaisir à bavarder avec Grace de Monaco : nous parlions intendance, échangions de bonnes adresses. Romy Schneider, je ne l'ai connue que les cinq dernières années de sa vie ; elle me témoignait une affection, une confiance à laquelle j'étais sensible. Il lui arrivait de me téléphoner à n'importe quelle heure du jour ou de la nuit. Elle me parlait de sa vie privée. Malgré sa réussite prodigieuse, elle restait une femme fragile, inquiète, vulnérable.

Approcher les stars n'engendre pas toujours la mélancolie. A New York où nous étions conviés à un dîner par le président de la Paramount, Charlie

Nadine Tallier devient la baronne Edmond de Rothschild.

Intarissables, quand nous parlons de Château-Clarke.

Benjamin dans les serres de Pregny.

Benjamin devant le Mur des Lamentations.

A Ischgl, enfin seuls.

Lequel des deux protège l'autre ?

Mes quarante ans.

Quand Edmond se prend pour Sinatra.

Sur les bords du Lac Léman, le château de Pregny. *(Photo C. Bergholz)*

Armainvilliers et la ''mer de Brie''.

Une forêt équatoriale, rue de l'Elysée.
(Photo Maison et Jardin/G. Martinet)

Château-Clarke : Edmond dans ses chais.
(Photo : Agence TOP/P. Hinous)

Mon cerf de la Saint-Hubert.

... et mon fameux éléphant.

Le léopard d'Edmond.

... son lion monte la garde à Armainvilliers. *(Photo Duc d'Orléans)*

Tableau de chasse à Armainvilliers.

Les vainqueurs du Championnat de la Méditerranée.

Avec Gilbert Trigano.

Un discours à Genève.

Au musée de Jérusalem : le salon Louis XV, une donation d'Edmond.

Grand tableau de famille.

vedette avec Linda Evans
Roger Moore.

Régine et
Pierre Sciclounoff
*(Photo
J.F. Schlemmer)*

Avec le chancelier Bruno Kreisky,
Shermine de Gramont
et Karl Kahane.

Un soir, à Pregny. *(Photo C. Bergholz)*

Bluhdorn, j'étais à la table de Barbra Streisand. Nous nous présentâmes. Plus tard, elle me redemanda négligemment sans même me regarder : « What's your name ? » Pleine de bonne volonté, je déclinai une fois encore mon identité. Quand Yves Montand nous rejoignit, je fus surprise de m'entendre poser pour la troisième fois le fatidique : « What's your name ? ». A mon tour, je dus lui présenter mon voisin de table ; je me tournai vers elle et lui dis avec un charmant sourire : « Auriez-vous, madame, l'amabilité de me rappeler votre nom ? » Ce qu'elle fit, des éclairs dans les yeux.

Avec Ira de Fürstenberg, ex-princesse de Hohenlohe recyclée dans le cinéma et pas dans le meilleur, nos échanges sont toujours teintés d'humour féroce malgré notre très profonde amitié... Elle me dit un jour :

— Je trouve que tu as eu une carrière étonnante, toi qui as commencé si bas !

— Eh oui, ma petite Ira, lui ai-je répondu dans un grand éclat de rire, tu le sais mieux que personne, toi qui finis là où j'ai commencé !

Je sais aussi quand l'étiquette l'exige n'être pas qu'irrévérence. Il y a six mois, lors d'un dîner chez Jack et Drew Heinz dans leur manoir des environs de Londres, j'étais assise à la gauche du maître de maison. Tandis que je poursuivais en anglais une conversation des plus courtoises avec la dame qu'il avait placée à sa droite, je m'efforçais de réprimer un fou rire : que faisait « Fil de fer » avec la reine d'Angleterre ?

ÉTRANGE impression. Ma tête bouillonne. Jusqu'à mon mariage, tout était clair, précis, daté : chaque année constituait une étape qui m'avait permis d'avancer, Saint-Quentin, Puteaux, la porte Champerret, l'usine de housses, le marchand de laine, l'atelier de mécanographie, mes séances de pose, mes premières revues de music-hall, mes films. Autant de lieux, autant d'activités, autant d'amours et d'amitiés, autant de points de repères.

Et puis, c'est la rencontre avec Edmond, notre mariage, la naissance de Benjamin, dates clefs s'il en est. Et puis... le fouillis ! Trop de choses à faire, à découvrir, de nouvelles maisons, de nouveaux amis, de nouveaux devoirs, de nouveaux plaisirs. Les souvenirs m'arrivent par brassées, ils refusent de se laisser enfermer dans un carcan historique, peut-être parce qu'ils appartiennent moins au passé qu'à ma vie d'aujourd'hui. Seule référence : la taille de Benjamin sur les photos, Benjamin, bébé joufflu, sur une couverture devant la piscine de Mandegris avec Violette. Benjamin à Armainvilliers sur son tricycle ou bien les yeux écarquillés devant le sapin de Noël éclairé de bougies, Benjamin en Autriche tenant les bois d'un cerf tué par son père, Benjamin étudiant aux États-Unis. Seuls les enfants nous donnent la mesure du temps.

Les enfants, et les grands événements auxquels nous nous trouvons parfois mêlés. Date charnière dans ma vie, la Guerre des Six Jours par laquelle, en juin 1967, l'État d'Israël réaffirma son droit à l'existence.

Au printemps, Nasser, dans l'espoir de reconquérir son prestige auprès des masses arabes, avait entrepris une vaste campagne d'intimidation contre Israël : le 23 mai, il exigea l'évacuation de la force des Nations Unies, stationnée en Égypte depuis l'affaire de Suez, réoccupa la bande de Gaza le long de la Méditerranée et surtout Charm-el-Cheikh à l'extrémité de la péninsule du Sinaï. Il fermait ainsi le détroit de Tiran par où arrivait le pétrole du golfe Persique. Israël était menacé d'étouffement, privé de ses voies d'accès vers le sud.

Ces événements constituaient notre préoccupation majeure, la communauté juive française était en émoi. Pendant tout le mois de mai, Edmond et ses amis tentèrent de jouer de leur influence et de susciter une pression internationale capable de désamorcer le conflit. Ils réunirent des fonds pour aider l'effort de guerre des Israéliens. Une mission française composée d'Alain de Rothschild, président du Consistoire, des représentants des organisations sionistes ainsi que d'Edmond et de cinq parlementaires, devait se rendre en Israël, et cinq autres parlementaires en Égypte.

Ce lundi matin 5 juin, Edmond était dans son bain, il se préparait à aller à Roissy. J'ai allumé la radio : c'était la guerre, Israël lançait ses troupes contre l'Égypte, la Jordanie, la Syrie. Les forces armées égyptiennes faisaient mouvement vers Israël, leurs jets approchaient.

La plupart des membres de la mission décidèrent qu'elle était désormais sans objet. Edmond et Alain résolurent de partir, non par bravade, mais parce qu'ils estimaient que la présence sur place de certaines personnalités de la Diaspora pouvait prendre valeur de symbole et apporter au pays un réconfort moral.

Trois heures après la déclaration de guerre, les deux cousins s'envolent. Je glisse dans la valise de mon mari une bouteille de whisky : ils pourraient en avoir besoin. En fait de champ de bataille, ils se trouvèrent bloqués vingt-quatre heures à Athènes (« ma guerre des Hilton », dira Edmond) avant d'être autorisés à décoller mardi soir tard, pour Tel-Aviv. Le whisky leur donna un peu de cœur au ventre : nul ne savait alors que la veille, en quelques heures, les chasseurs israéliens avaient détruit l'aviation égyptienne.

Le lendemain, Edmond m'appela très ému : « Nadine, viens, je veux que tu vives ces moments avec moi. » Il avait vu les hommes en route vers le front. Dans la rue, les femmes conduire les autobus, régler la circulation, assurer le ramassage des ordures municipales. Il avait vu les enfants distribuer le courrier. Tous, petits et grands, emplissaient des sacs de sable pour protéger leur maison en cas d'attaque. A Jérusalem, Edmond avait été l'un des premiers après les parachutistes à se rendre au Mur des Lamentations, en compagnie de David Ben Gourion et du Grand Rabbin des armées, qui, en signe d'allégresse, sonna le chofar [1] en ces lieux où il n'avait pas retenti depuis deux mille ans. A la Hakyria, le siège du gouvernement à Tel-Aviv, où mon mari avait remis les fonds recueillis, toutes les employées étaient sorties de leurs bureaux et l'avaient applaudi en pleurant.

« Je veux que tu vives ces moments avec moi », m'avait dit Edmond. Je décidai de partager cette chance avec le Grand Rabbin Kaplan. Je savais qu'il n'était jamais allé en Israël : nul autre que lui n'y avait davantage sa place en ce jour. Tout de suite, il accepta mon offre. Plus tard, il me confia que ce voyage avait été déterminant dans sa vie.

Je partis par Amsterdam. Dans le même avion que moi, une foule de jeunes Israéliens, touristes ou étudiants surpris en Europe par la guerre : ils regagnaient au plus vite leur pays, pressés de se battre. On n'imaginait pas alors qu'en moins d'une semaine Tsahal serait partout vainqueur.

Au moment d'atterrir sur l'aéroport de Tel-Aviv plongé dans le noir, les jeunes ont entonné le

1. Corne de bélier rappelant le bélier du sacrifice d'Isaac.

« Hevenou Shalom Alekhem » (« Que la paix soit avec vous »).

Quatrième jour de la guerre. Il régnait dans l'aéroport un climat indéfinissable : on aurait pu couper l'air au couteau tant il était lourd, et pourtant quelque chose, un sourire sur un visage, une conversation animée semblait indiquer que le pire était déjà passé.

Edmond n'avait pu venir me chercher. Je réussis à trouver un taxi, direction le Hilton de Tel-Aviv, le seul endroit où j'avais quelque chance de le rejoindre. L'hôtel était désert : plus de porteur, plus de groom à la porte d'entrée, le personnel était au front, les clients avaient fichu le camp. Edmond, par miracle, était là. J'appris alors que la victoire se dessinait partout : les armées d'Israël contrôlaient à nouveau le Sinaï jusqu'au canal de Suez, assurant la réouverture du détroit de Tiran, elles occupaient également la bande de Gaza, toute la Cisjordanie, les hauteurs du Golan ainsi que la partie arabe de Jérusalem.

Le sixième jour de la guerre, nous nous rendîmes dans la cité de David. Les quartiers hier jordaniens étaient investis, mais la zone encore agitée et truffée de francs-tireurs. Le petit groupe que nous formions, Edmond et moi, le Grand Rabbin Kaplan, le maire de Jérusalem, Teddy Kollek, et l'archéologue Elie Mazar, est arrivé au pied de la colline du Temple, ce mont Moriyya où, selon la Bible, se déroula le sacrifice d'Isaac.

Un extraordinaire spectacle nous attendait : les Juifs orthodoxes du quartier de Mea She'arim accouraient par centaines vêtus de leurs culottes à la française serrées sous le genou, de leurs longues redingotes, leurs « peyess » sortant de leurs « shtreimmel » [1], ombres noires surgies du fond des âges cherchant à atteindre ce haut lieu du culte juif interdit depuis si longtemps, le Mur des Lamentations. Pour y accéder, il ne suffisait pas comme aujourd'hui de traverser une vaste esplanade: des petites maisons s'élevaient, enchevêtrées les unes contre les autres, dans lesquelles pouvait se terrer un résistant de la dernière heure.

Conscients du danger, les soldats israéliens tentaient de faire évacuer la foule. Teddy Kollek, les mains en porte-voix, les incitait à renoncer. Mais les hommes aux peyess n'entendaient rien, ils semblaient fous, ils avaient peut-être « l'amok », comme l'on dit là-bas.

Je retrouvai l'atmosphère du Paris de la Libération. L'émerveillement de la victoire soudain brisé par une ultime rafale, un homme qui s'effondre, une victime pour rien. Sur la route du retour, nous avons croisé des soldats blessés, des chars abandonnés: nous n'avions pas rêvé cette guerre.

Joie, pleurs de joie, folie. Les Juifs du monde entier accouraient par charters vers la Jérusalem délivrée. Deux jours plus tard, dans un petit avion, nous survolions le Sinaï. De Charm-el-Cheikh, un torpilleur nous mena ensuite au détroit de Tiran. De retour à terre, nous avons filé en jeep à travers le désert au monastère Sainte-Catherine

1. Papillotes et bonnets de fourrure à queue de renard que portent les Juifs traditionalistes, originaires d'Europe centrale.

perché à plus de 2 000 mètres sur le mont Moïse.

Ces jours de 1967 resteront gravés dans ma mémoire. Ils scellèrent mon appartenance à une communauté. Étrange affaire car, avant mon mariage, j'avais fait montre d'un individualisme à tout crin : chacun pour soi et tant pis pour ceux qui n'avaient pas le même rythme que moi. En Israël, c'était différent, j'épousais la cause des Juifs jusque dans ses excès. En échange, m'étaient donnés des moments de vrai bonheur.

De retour en France, je cherchai à me rendre utile, je collectai des fonds pour Israël. Émus par le courage de ce peuple et — les hommes surtout — fiers de l'exploit qu'avait représenté cette guerre éclair, les Juifs du monde entier se mobilisaient. Les jeunes partaient pour les kibboutzim, ils voulaient aider à reconstruire l'économie du pays, les moins jeunes offraient parfois deux mois de salaire sans se soucier du lendemain. On récolta en France dans les semaines qui suivirent la Guerre des Six Jours cinquante millions de francs lourds.

Pour solliciter les gros donateurs, je décrochais mon téléphone et j'allais moi-même au charbon : autant profiter de mon nom, la plus efficace des cartes de visite. Qui aurait imaginé que j'attendrais d'être Rothschild pour faire la quête ! Cela ne me gênait nullement, je défendais une cause juste. Quelques années plus tard, après la guerre du Kippour, je recommençais le même travail à la demande d'Élie de Rothschild ; il m'avait confié les cas « difficiles ». « Tu verras, m'avait-il dit, les plus riches ne sont pas toujours les plus généreux. »

Après de multiples et insistants coups de téléphone, j'obtins un rendez-vous avec Daniel Wildenstein, le grand marchand de tableaux. Je trouvai, rue de la Boétie, dans un vaste bureau aux lambris dorés entre cour et jardin, rempli de beaux meubles et de toiles sublimes, un tout petit monsieur. Je lui demandai son concours.

— Pardonnez-moi d'insister, ajoutai-je, mais les fonds que nous collectons sont destinés aux blessés et aux orphelins.

— C'est hors de question, répliqua-t-il brusquement, il n'y a qu'une cause pour laquelle je verserais aujourd'hui de l'argent : battre Giscard d'Estaing aux élections.

Je me suis levée.

— Je vous raccompagne, m'a-t-il dit.

— Restez assis, monsieur, votre maître d'hôtel remplira mieux que vous cet office.

Ce fut notre dernier échange. Accumuler tant de rancœurs, passe encore, mais manquer à ce point de pudeur...

Mon histoire d'amour avec Israël remontait à novembre 1963. Lors de notre premier voyage dans ce pays, sur la terrasse de son appartement à Tel-Aviv, Edmond donna un grand cocktail pour me présenter à ses amis. Parmi les invités, David Ben Gourion (il n'était plus au pouvoir depuis plusieurs mois) et sa femme Paula, une petite dame rondelette à l'intelligence vive, réputée pour son caractère et son franc-parler.

— Ainsi, c'est vous la nouvelle femme d'Edmond ? me lança-t-elle tout de go.

J'eus à peine le temps d'acquiescer que déjà elle se livrait à une étude comparative des deux épouses :

— C'est drôle, vous ne vous ressemblez pas, mais vraiment pas du tout !

Je lui offris une boîte à cigarettes en argent.

— Comme c'est curieux, me répondit-elle en guise de remerciement, vous ne lui ressemblez pas, mais vous avez exactement le même goût que Lina. La première fois que nous nous sommes vues, elle m'a fait le même cadeau que vous.

Durant ce voyage, je rencontrai également Golda Meir, Levi Eskhol, alors président du Conseil, Teddy Kollek, un monument de savoir au charme tout viennois sans qui Jérusalem n'aurait jamais connu son prodigieux essor.

Je fis la connaissance de Moshe Dayan et compris en constatant ce magnétisme extraordinaire qu'il exerçait sur les êtres, qu'il ait pu devenir à quarante ans généralissime des forces israéliennes. Moshe, le plus grand séducteur que j'aie jamais rencontré, un homme qui, lorsqu'il vous regardait — même de son œil unique —, vous déshabillait de la tête aux pieds.

D'autres encore devaient devenir nos amis : Miles et Gitta Sherover. Elle, fine, élégante, née à Riga, au nord de la Russie, dans une famille d'antiquaires ; Miles, grand financier (il construira avec Edmond le pipe-line d'Eilat), un passionné d'art : Jérusalem n'a pas de théâtre digne de ce nom, il décide de lui en offrir un. On lui démontre qu'il est plus urgent de bâtir des hôpitaux, des écoles. « Vous trouverez d'autres bienfaiteurs, persiste-t-il à dire. Moi, j'offrirai un théâtre. » Miles est mort mais son théâtre, l'un des plus beaux du monde, s'élève aujourd'hui à Jérusalem.

Autres personnages hors du commun : Moka et Rachel Limon, que nous avions déjà rencontrés à Paris, où l'amiral représentait depuis 1962 les intérêts du ministère de la Défense de son pays. Rachel, irrésistible avec sa voix rauque et son enthousiasme communicatif. Moka, aimable colosse, l'un des héros en 1947 de l'immigration illégale en Israël, la « Haapala ». Il commande alors le *Theodor Herzl,* un gros bateau plat chargé à ras bord de trois mille émigrants, dont une centaine de nourrissons. Pour poursuivre leur route, il leur faudra ouvrir le feu ; pour débarquer dans le port d'Haïfa, entreprendre une grève de la faim. L'écrivain Léon Uris empruntera bien des éléments de cette épopée pour écrire l'histoire de l'*Exodus.*

En 1951, il a vingt-sept ans, Moka Limon est nommé amiral et commandant en chef de la Marine nationale !

Ils sont excessifs, irritants, exigeants, merveilleux, ils déversent sur vous des seaux d'eau bouillante ou une douche glacée, mais chaque moment passé avec eux est intense. Les Israéliens ont compté, comptent et compteront pour moi plus encore qu'ils ne le croient. Face à ces hommes et ces femmes qui vont jusqu'au bout d'eux-mêmes, vous ne pouvez donner que le maximum de ce que vous possédez. Ils entrent dans votre vie, vous forcent à livrer le fond de vos pensées. Impossible avec eux de dire des banalités. C'est à une véritable psychanalyse qu'ils vous convient : Israël m'a définitivement sortie de moi-même, m'a obligée à m'assumer telle que je suis.

Jamais, ils ne m'ont fait sentir que je n'étais qu'une convertie. Comme dit Gitta Sherover, avec son inimitable franchise : « Mieux vaut une bonne " goy " [1] qu'une "jewish princess ". » Ils aimaient Edmond, ils m'aimèrent aussi pour mes défauts et mes qualités : pour une fois, je n'eus qu'à me louer de mon caractère spontané et entier. Si j'avais été au rang des tièdes, toute Rothschild que je sois, je n'aurais jamais été adoptée. Mais, peut-on être tiède en Israël quand, à Yad Vashem, le Mémorial de l'Holocauste, on replonge par le souvenir dans le martyre du peuple juif ? Les photos des vivants humiliés me font plus mal encore que celles des montagnes de cadavres.

C'est si rare les gens qui prennent en main leur destin. Dieu d'abord, Dieu d'accord : encore faut-il lui donner un petit coup de main. Un état d'esprit dont cette histoire juive me semble bien le reflet.

La scène se passe à l'Institut Weizmann, sanctuaire mondial de la Science, notamment dans le domaine de la physique nucléaire auquel chaque grand savant juif a à cœur de consacrer un moment de sa vie. Son président d'alors, le célèbre professeur Sabin, l'inventeur du vaccin contre

1. Goy : étranger, non-juif.

la poliomyélite, fait visiter les lieux à quelque Grand Rabbin de passage. Il lui montre tout, les laboratoires de recherche en biologie, en biophysique, en physique, en chimie, en mathématiques : « Autant de témoignages, monsieur le Grand Rabbin, des ressources extraordinaires de l'esprit humain. » Le Grand Rabbin hoche la tête, visiblement impressionné. Sabin l'emmène visiter l'Institut agronomique, arpente avec lui le jardin potager, amoureusement soigné. Le président de l'Institut insiste sur l'admirable travail accompli par les hommes sur une terre jadis quasi désertique. Le Grand Rabbin reste songeur. Enfin :

— Dites-moi, cher professeur, c'est merveilleux tout ce que vous faites, mais ne pensez-vous pas que Dieu a lui aussi sa place dans tout cela ?

— Sans doute, monsieur le Grand Rabbin, mais si vous aviez vu cette terre quand elle n'appartenait qu'à Dieu...

INUTILE de regarder par le hublot : je sens au long frémissement de l'avion que la terre approche ! Sitôt l'appareil posé sur la piste, les applaudissements crépitent comme c'est la tradition. Joie des retours en Israël.

Sur la route de l'aéroport, la voiture file entre les haies de lauriers-roses, extraordinaire bouquet tendu en signe de bienvenue aux nouveaux arrivants. Dans les champs, les tourniquets d'arrosage ; les arbres fruitiers s'alignent en rangs serrés. Toute cette verdure dans ce pays autrefois désolé tient du miracle. Nous frôlons l'ouest de Tel-Aviv. Ah ! ces Méditerranéens. Je peste une fois encore contre les carcasses de voitures et les détritus en tous genres qui ornent la chaussée. Quand y aura-t-il un « jour propre », où chacun ramasserait enfin ces papiers gras et ces boîtes de conserve ?

Décidément, c'est toujours la même chose : chaque fois que je reviens en Israël, je m'émerveille des progrès que l'enfant a faits, mais je ne peux m'empêcher de râler parce qu'il a les ongles aussi sales et ne sait toujours pas se peigner...

Voici la mer, et bientôt des dunes plantées de mimosas. La nuit tombe, j'ouvre la fenêtre, respire à fond, il y a dans l'air des senteurs d'orangers. Tout participe à la fête, jusqu'à ce complexe électrique construit au bord de l'eau dont la vue me désole en plein jour mais qui, la nuit, prend des allures d'arbre de Noël. Nous arrivons à Césarée.

Le grand-père Edmond avait, dès 1924, racheté aux Turcs de vastes terres en bordure de mer dans la région. Aujourd'hui, la « Fondation de Césarée » que dirige mon mari s'étend encore sur 30 000 dounams, soit 3 000 hectares. Là, nous avons implanté notre maison, une maison basse en grosses pierres et au crépi blanc, sans prétention, sans enfilade de salons, avec quelques chambres pour nous et nos amis de passage. Une maison encastrée dans la verdure, cernée par les palmiers et les citronniers, les ficus et les jasmins, les bougainvillées et les oliviers, une profusion d'essences d'autant plus prodigieuse qu'au-delà du muret de pierre on aperçoit la végétation naturelle, une forêt de petits pins rabougris qui descend jusqu'à la mer.

Plaisirs de l'aube : je cours piquer une tête dans la piscine, il est sept heures à peine et déjà le soleil me tient compagnie. C'est le meilleur des réveille-matin avant le petit déjeuner — café noir, fromage frais, harengs à la crème, concombres, olives, confitures et miel du kibboutz voisin — pris sur la terrasse. Plaisirs du soir, quand la nature semble s'apaiser après le rude soleil de la journée. Dans le jardin, les jets d'eau repeignent en vert les pelouses. C'est l'heure où je descends vers la plage, l'heure où les gens commencent à plier bagage. Il fait déjà assez frais, je nage interminablement dans les eaux tièdes de la Méditerranée avec mon attirail du parfait petit plongeur, palmes, masque et tuba. Ou bien, étendue sur le dos, je fais la planche et regarde le soleil couchant allumer d'une teinte rose dorée les pierres du vieux port, et cette ancienne citadelle édifiée par les Croisés au XIIIe siècle dont nous avions pensé un moment faire notre maison.

Sur la mer dansent les barques des pêcheurs à l'endroit même où, il y a huit siècles, s'ancraient les lourdes nefs des moines-soldats. Pour déloger les Arabes de Césarée, les Croisés n'y allèrent pas de main morte. Carnage. Pillage. Dans le butin arraché aux Infidèles, un vase incrusté de diamants, celui que Jésus aurait utilisé le soir de la Cène et que la légende celtique nomme le Saint-Graal. C'est dans la cathédrale de Gênes qu'on peut admirer aujourd'hui cette merveille, réclamée en dédommagement de sa peine par l'amiral italien qui avait fourni les bateaux nécessaires à l'expédition.

Après ce changement de propriétaire, une nouvelle ville s'édifia sur les ruines de l'ancienne. Très différente cependant de la grande cité maritime qu'avait fait construire avant le début de notre ère Hérode, le roi de Judée à la solde des Romains.

Douze ans de travaux. Des édifices somptueux dont un amphithéâtre monumental et un hippodrome — qui ne sera jamais achevé — prévu pour contenir 20 000 spectateurs. Cette réalisation grandiose sera baptisée Caesarea, en l'honneur de l'empereur César-Auguste.

Siège des procurateurs qui représentent l'autorité centrale (dont, vers les années trente, un certain Ponce Pilate), le petit port mué en métropole est aussi un foyer de rébellion : durant deux ans saint Paul sera emprisonné dans ses geôles avant d'être jugé à Rome ; un siècle plus tard, Rabbi Akiba, le chef spirituel de la révolte des Hébreux contre l'occupant romain, y sera écorché vif. La paix revenue, Césarée devient l'un des grands centres intellectuels de l'Orient, et abritera sous le règne de Byzance l'une des plus belles bibliothèques du monde.

Grandeur et décadence. Au XIIIe siècle, après le départ des Croisés, les sables envahissent la ville, les monuments tombent en ruine, érodés par les vagues et le vent, saccagés par les hommes eux-mêmes qui prélèvent dallages de marbre et colonnes de porphyre pour construire de nouveaux palais à la gloire des princes ottomans.

En rachetant la région, le « Généreux Bienfaiteur » a un projet fou : arracher Césarée du néant où des siècles d'indifférence l'ont plongée. Mais la mort, cette mal élevée, vient chercher trop tôt le baron Edmond : à quatre-vingt-neuf ans, il a encore bien des choses à faire ! Des années après, Edmond le petit-fils décidera d'accomplir le rêve de son grand-père.

Il encourage les fouilles. On dégagera, entre autres vestiges de la cité romaine, l'amphithéâtre long de cent mètres. Là, une pierre sur laquelle est gravé le nom de Ponce Pilate ainsi que sa fonction « Préfet de Judée », un document historique capital puisqu'il atteste l'existence de ce personnage, que l'on ne connaissait jusque-là que par l'historien juif Flavius Josèphe et par les Évangiles : cette pierre est aujourd'hui au musée Rockefeller de Jérusalem.

Edmond n'a pas oublié la moitié de la mission confiée par son aïeul : développer Césarée. Un golf de dix-huit trous a déjà vu le jour — une folie d'eau (douce) dans ces dunes ! — ainsi qu'une zone résidentielle et industrielle ; grâce à une fondation créée en 1962, Césarée, ville morte, renaît. Drôle de gageure que de mettre ses pas dans ceux d'Hérode et de saint Louis !

Petah Tiqva, Rishon-le-Zion, Rehovoth, Nes Ziyyona, Rosh Pinna, ces lieux au début de ce siècle n'existaient pas sur la carte. Bien d'autres encore, sans l'aide d'Edmond l'Ancien ne se seraient pas développés : Mazkeret Batya, ainsi nommée en souvenir de Betty sa mère, Zikhron Ya'acov, « à la mémoire de Jacob », en l'honneur de James son père. Là, furent acclimatés les premiers plants de vigne importés de France, en particulier de Château-Lafite, le grand cru familial : les récoltes sont belles et les caves traditionnellement administrées par des maîtres de chais formés dans le Bordelais.

Non content d'établir sa propre administration en Palestine, le fastueux baron aime à passer lui-même l'inspection. Entre 1887 et 1899, il effectue trois voyages, accompagné de sa femme Adélaïde. Leur énorme yacht *Athma,* un palais flottant propulsé par une chaudière à vapeur, sur lequel ils invitent administrateurs et pionniers, accoste toujours à Jaffa.

En France, Edmond de Rothschild se heurte au scepticisme des gens : on lui prédit qu'il bâtit sur du sable, que jamais rien ne poussera sur les rocailles de Palestine. Mais il s'accroche à son rêve, continue à encourager le « Yishuv », l'implantation juive, le retour à la terre des ancêtres. Il persiste à soutenir financièrement les pionniers déjà installés, dans la ferme intention de les rendre très vite autarciques. Il persiste à fonder des colonies sur des lieux stratégiques en Judée, en Galilée, en Samarie.

Il voit loin. Pense-t-il déjà à un État ? Peut-être pas. Les premiers contacts avec Theodor Herzl, un jeune journaliste autrichien en poste à Paris, bien de sa personne, qui a publié en 1895 *L'État juif* et réuni à Bâle le premier congrès sioniste, n'ont guère été positifs. Edmond de Rothschild s'inquiète de l'enthousiasme de Herzl, craint que l'idée d'un État n'irrite les Turcs jusque-là plutôt bien disposés, qu'il soit difficile de contrôler une immigration de masse.

Après la mort prématurée de Herzl en 1904, et son remplacement à la tête du mouvement sioniste par Chaïm Weizmann — un chimiste d'origine russe qui deviendra en 1948 le premier président de l'État d'Israël — les rapports s'amélioreront avec le baron Edmond. En 1914, il décide d'un nouveau voyage : il n'a pas revu « ses » colonies depuis quinze ans.

Il en reviendra définitivement gagné à la cause sioniste. Le patriarche à la barbe blanche, débarqué cette fois encore à Jaffa, est accueilli comme un prince revenant sur ses terres, il déchaîne partout des vagues d'enthousiasme qui amènent les larmes aux yeux de cet homme de presque soixante-dix ans. Les fantastiques progrès qu'il constate ajoutent à son émotion : « Tel-Aviv est devenue une ville, et ses misérables colonies battues par le vent se sont transformées en des jardins de rêve [1] ». Le miracle tant attendu s'est produit : le baron Edmond peut contempler l'œuvre de sa vie.

Jamais plus, il ne retournera en Palestine. Trop vieux, dit-il, trop fatigué. Peut-être veut-il garder intact dans son cœur ce petit coin de paradis, entrevu juste avant que ne se déchaînent en Europe les premières salves de la grande guerre. Il mourra en France en 1934 dans son château de Boulogne, un jour de grande tempête qui faillit emporter la maison avec le dernier souffle de son propriétaire.

Vingt ans après, le 5 avril 1954, la dépouille du baron Edmond et celle de sa femme sont, selon leur vœu, transportées en Israël et accueillies à Haïfa avec les honneurs militaires. En présence du chef de l'État, M. Ben Zvi, et de David Ben Gou-

1. *The Rothschilds : a family of fortune,* op. cit.

rion, les deux cercueils portés par seize soldats sont transférés au mémorial de « Ramat Hanadiv », « la colline du Bienfaiteur », proche de Césarée. Sur le baron Edmond, sera versée, avant que le tombeau ne se referme pour l'éternité, la terre de ses anciennes colonies.

Ramat Hanadiv. Étonnant endroit à soixante-dix kilomètres au nord de Tel-Aviv. Pour y parvenir, on traverse des terres arides : au détour d'un chemin, une colline plantée d'oliviers. Au-delà de la grille portant l'écusson Rothschild (une main serrant cinq flèches symbolisant l'union des cinq frères de Francfort), on aperçoit une profusion de roses, d'œillets d'Inde, de géraniums et de mille autres fleurs encore dont j'ignore le nom mais dont je pourrais reconnaître l'odeur, parterre multicolore courant sous les petits pins à tête ronde. Ici, la fraîcheur est délicieuse durant les mois chauds de l'été. J'avance sur l'allée pavée ; j'ai mis sur mes épaules un léger châle en signe de respect. Bientôt, à travers un chemin bordé de gros cactus dont les troncs me font toujours penser à des pattes d'éléphant, j'aperçois tout le pays environnant, à droite la chaîne du Carmel couverte de forêts, à gauche la mer et le Sharon, la plaine littorale, jadis zone de marécages et de malaria devenue la première région productrice de fruits et de vins en Israël.

Me voici au but de ma promenade. Quelques marches à descendre, un patio fleuri à traverser, un sentier de pierre qui s'enfonce lentement sous terre. Dans la pièce voûtée, un vaste tombeau de marbre. Une famille est entrée dans la crypte en même temps que moi. Des Israéliens sans doute, des gens simples, peut-être débarqués d'un kibboutz. Je vois le père, petite « kapelle » de carton noir sur la tête, qui se penche vers ses enfants et leur parle en hébreu. Je saisis à la volée le nom Rothschild. Sarah qui m'accompagne, amie précieuse et efficace gestionnaire de la « Fondation de Césarée », me sert de traductrice : « Il leur a dit : “Si nous sommes en Israël aujourd'hui, c'est aussi grâce à lui ”. »

Elle traduit pour moi l'inscription sur le tombeau : « Là reposent le baron Edmond de Rothschild, “Iavi Ishouv ” (le père de la Terre), et son épouse la baronne Adélaïde, la femme qui respectait Dieu. »

Adélaïde, baronne Edmond de Rothschild... Je pense soudain avec affection à cette femme dont je porte le nom et dont je garde, par mon mari, l'image d'une aïeule aux formes enveloppées, aux mains toujours gantées de peur que le soleil ne réveille ses taches de rousseur. Sur les photos du premier voyage de 1887 en Palestine, on la voit dans ses robes longues et amples à côté de son mari. Cette jeune femme de trente-quatre ans qui lui a donné trois enfants exerce sur lui une influence évidente : il suffit de voir l'*Athma*, son yacht, sa cuisine casher, sa salle de prières et les mezouzas qui ornent les portes des cabines, ces fins rouleaux de parchemin enserrés dans un étui où sont inscrits les commandements de la Torah. Adélaïde, épouse Rothschild, fille de Wilhelm Carl de Rothschild et de Mathilde, née Rothschild, la femme qui respectait Dieu...

La pénombre règne et le silence. Je ne suis née ni Rothschild ni juive, et pourtant je le suis aujourd'hui. Selon la coutume, je dépose sur le tombeau une petite pierre, signe de mon passage, et un rameau d'olivier telle la colombe, après l'arche de Noé, venue apporter la paix.

Au-delà de la crypte, tout au fond du domaine, s'étend une roseraie magnifique : c'est là que j'aimerais être enterrée dans un grand drap à même la terre, selon la tradition juive. Edmond a une autre ambition, celle de finir son temps auprès de son père, le baron Maurice, sous la pelouse de Pregny, à un endroit précis d'où l'on a une vue exquise sur le lac Léman (essentielle la vue, en ces moments !). J'espère partir la première : en galant homme, mon mari se rendra peut-être à mes arguments...

Il n'est pas facile, en Israël, vous l'avez compris, de s'appeler Edmond de Rothschild. Parmi les institutions léguées par son grand-père, certaines sont mortes de leur belle mort ; la PICA, la « Palestine Jewish Colonization Association », regroupait tous les intérêts Rothschild, jusqu'à la naissance de l'État d'Israël. Dès 1948, il devient clair que la colonisation doit être désormais l'œuvre du gouvernement. Or, la PICA possède plus de terrains que l'État lui-même ! Les Rothschild vont lui offrir, en cadeau de joyeux avènement, toutes leurs possessions, à l'exception de Césarée.

Rebaptisé « Hanadiv » en souvenir du Bienfaiteur, le trust Rothschild a désormais une nouvelle mission, celle d'aider à l'éducation, la science et la culture. Tout comme la « Fondation de Césarée » qui réinvestit la totalité de ses bénéfices dans des activités philanthropiques. Tout comme la nouvelle « Fondation Edmond de Rothschild », créée récemment par mon mari.

Chaque année, des sommes importantes sont affectées à la construction d'une école primaire, d'un collège, d'un groupe universitaire, à des bourses ou des programmes de recherche. En 1977, une crèche portant le nom de Marie-Hélène de Rothschild (la femme de Guy) et le mien est née dans un faubourg de Jérusalem. Elle reçoit les enfants juifs aussi bien qu'arabes.

Dans le domaine de la Santé également, les réalisations sont nombreuses : ici une bibliothèque, là un service d'ophtalmologie, un bloc opératoire complet pendant la Guerre des Six Jours, un département de gériatrie près de Césarée, un département des urgences et une salle d'ordinateurs à l'hôpital de Tel-Ashomer, inaugurée l'an dernier. Quant à la collaboration entre la « Fondation de Césarée » et l'Institut Weizmann, elle est institutionnelle depuis bien des années.

Mon mari a créé l'un des plus beaux musées d'archéologie méditerranéenne du pays, le « Musée Noëmie de Rothschild », au kibboutz Nir David à Bet-Shean. Longtemps président des Amis du Musée de Jérusalem, il a fait construire un pavillon pour y reconstituer un remarquable ensemble Louis XV : boiseries en provenance de l'ancien hôtel Samuel Bernard, rue du Bac, trumeaux peints par Van Loo, parquets Versailles, tapis de la Savonnerie, deux Gobelins représentant Bacchus en cours de libations, et un mobilier où rien ne manque, même pas le bureau marqueté [1].

Lors de mon dernier passage à Jérusalem dans ce musée admirablement tenu, je trouvai dans ce salon toute une classe, une vingtaine d'écoliers de huit à dix ans. Assis en tailleur ou à genoux, le derrière en l'air, ils s'appliquaient à copier certains éléments du décor, tout en suçotant leur crayon. Tandis qu'elle guidait les mains malhabiles, le jeune professeur de dessin répondait aux questions des enfants, médusés par un tel cadre, leur parlait avec passion du XVIIIe siècle français. Edmond aurait été content, lui qui souhaitait familiariser les Israéliens avec l'une des formes les plus achevées de la culture européenne.

Mais, délaissant ce bataillon d'enfants sages, je me laissai emporter par un flot de souvenirs vieux de vingt ans, je découvrais dans cette pièce digne de Versailles non des petits marquis aux cheveux poudrés, mais un œil bleu charmeur et une moustache qui me souriait. Ce salon était au détail près celui de l'Avenue Foch où Edmond avait donné, juste après notre mariage, notre première soirée.

1. A la même époque, Edmond a fait don au château de Versailles, poussé par son amitié pour Gérald van der Kemp, son conservateur en chef, d'une commode de Riesener qui provenait du Salon des Nobles de la reine, et quelques années plus tard, de quatre tapisseries monumentales représentant les conquêtes de Louis XIV, exécutées d'après des cartons de Jean-Baptiste Martin.

Donner est une chose, mais pour Edmond comme jadis pour son grand-père, l'essentiel est d'apprendre à créer, d'inventer les outils qui permettent aux gens de se prendre en charge eux-mêmes. Philanthrope, oui, mais aussi homme d'affaires avec la volonté affirmée de réinvestir en Israël tous les bénéfices réalisés. Pour le représenter, une vieille connaissance : l'amiral Limon ! Comment il en vint à s'occuper des affaires d'Edmond en Israël constitue un nouveau chapitre de sa vie, presque aussi mouvementé que les autres.

Rappelez-vous Noël 1969, les vedettes de Cherbourg... De cette partie de bras de fer entre la France et Israël, Moka Limon, chef de la mission d'achat du ministère de la Défense à Paris, fut l'acteur principal. Lorsqu'il prend son poste au début des années soixante, c'est la lune de miel entre les deux pays : Tel-Aviv qui achète tout en France, les avions, les chars, jusqu'aux treillis, passe bientôt commande de douze vedettes ultra-rapides pour renforcer sa marine.

Survient la Guerre des Six Jours. Mécontent de n'avoir pas vu ses conseils de modération suivis, le général de Gaulle décrète un embargo : interdiction désormais de livrer à Israël du matériel militaire. Or, sur les douze vedettes commandées, cinq sont déjà à destination, et deux prêtes à partir (elles lèveront l'ancre au petit jour avant que la mesure soit effective). Cinq sont encore en construction : achevées, elles seront entreposées à Cherbourg.

Moka Limon fulmine : il sait, en expert, combien

ces bateaux peuvent faire défaut à la marine de son pays en cas de nouvelle guerre (et de fait c'est sur mer et non dans les airs comme en 1967 que se jouera l'issue de la guerre du Kippour en 1973). Et puis, ces vedettes ont d'ores et déjà été payées à la France !

C'est sur son ordre, le 24 décembre 1969, que les cinq vedettes restantes partent pour Israël à la barbe des autorités françaises. Même Rachel, sa femme, n'en sait rien. Elle n'apprendra toute l'affaire que le 26. Elle est bouleversée, dans le noir complet. C'est dur pour cette femme avant tout soucieuse de préserver sa vie de famille de se trouver sous les feux de l'actualité. Dur de voir assumer par son mari une telle responsabilité : pensez, cinq bateaux cinglant vers le large par une tempête terrible, avec de sévères problèmes de ravitaillement et à bord de chaque embarcation une trentaine de jeunes Israéliens peu expérimentés et très partiellement informés de leur mission. Qu'une seule vedette aille par le fond et voici l'amiral, traître pour les uns, héros pour les autres, devenu pour tous un assassin. En tout cas, son geste ne pouvait manquer d'avoir des conséquences politiques graves, d'entraîner peut-être la rupture des relations diplomatiques entre la France et Israël.

A ce moment, nous étions Edmond et moi au Kenya. Je sortais de ma tente, quand je vis un petit avion pointer à l'horizon. Bientôt, il vrombit au-dessus de nos têtes, tourna en rond autour du camp. Du ciel, tomba un colis. C'était en fait une simple lettre, lestée d'un gros caillou, qu'adressait

Moka Limon, déchargé de ses fonctions, à Edmond. Que dis-je une lettre, presque un télégramme contenant en tout et pour tout ces cinq mots : « OK pour travailler avec toi ! »

En 1973, Edmond décida, une fois n'est pas coutume, que nous manquerions à la tradition et resterions en Autriche pour Kippour. Nous étions au chalet ce 6 octobre lorsqu'une de nos amies nous appela : les troupes syriennes déferlaient sur la Galilée tandis que l'armée égyptienne franchissait le canal de Suez. En Israël, de nouveau, c'était la guerre.

Nous partîmes dès le lendemain matin pour le Tessin. Les chalets de bois du Canton des Grisons respiraient la quiétude, le temps était doux, les vallées drapées dans un manteau de feuillages roux qui rendaient plus éclatante encore la blancheur des cimes. Pourtant nous ne goûtions pas ces beautés. Nous avions le sentiment amer d'avoir abandonné un être cher au moment où il avait besoin de nous. Notre arrivée sur les bords du lac de Lugano où Edmond devait assister à un conseil d'administration ne réussit pas à nous distraire. D'Israël, les nouvelles nous parvenaient, très mauvaises.

Le dîner qui suivit chez Heini Thyssen, le sidérurgiste allemand, reste un des plus mauvais souvenirs de notre vie : nous étions là, le sourire aux lèvres mais le cœur en bandoulière, entourés de gens charmants pour qui les événements du Proche-Orient ne comptaient guère. Chacun s'occupait à nous montrer quelque chose, la maîtresse de maison son dernier diamant, son mari sa prodigieuse collection d'œuvres d'art. Le lendemain, sitôt le conseil terminé, nous avons fui vers Genève. Les jours qui nous séparaient du cessez-le-feu nous parurent les plus longs de l'année.

Ce que nous ne savions pas, c'est que les conséquences de la Guerre du Kippour ne faisaient que commencer.

Ma rencontre avec le président Sadate le 20 octobre 1979 reste, des temps forts de ma vie, l'un des plus émouvants.

Depuis la venue historique d'Anouar el-Sadate à Jérusalem en 1977 et les accords de Camp David, Edmond souhaitait concrétiser la réconciliation sur le plan économique : il lui semblait nécessaire que les Égyptiens considèrent comme bénéfique la paix avec Israël : non seulement elle évitait la guerre mais elle profitait au développement du pays.

Une aide de la Diaspora à l'Égypte était un geste symbolique : Edmond et son ami Aly el-Samman, le représentant en Europe de la radio-télévision égyptienne, n'eurent aucun mal à convaincre l'homme de toutes les bonnes causes, Gilbert Trigano : il développa les Club Méditerranée en Égypte comme en Israël, organisa des circuits qui permettraient à chacun, dès la réouverture des frontières, de visiter le territoire hier encore ennemi. Plus difficile apparaissait la conclusion d'un accord économique entre les deux pays : Elf-

Erap avait découvert des champs de gaz au large d'Alexandrie, Edmond creusa avec Albin Chalandon l'idée d'un pipe-line qui fournirait ce gaz à Israël.

C'est pour débattre ce projet qu'Edmond rendit une première visite au président Sadate, début 1979, dans sa petite maison des bords du Nil. Le président se montra très enthousiaste. Un officier, un homme ouvert et sympathique, assistait à l'entretien. A son propos, le président dit à Edmond : « S'il m'arrivait quoi que ce soit, vous pouvez compter sur Moubarak. »

L'hôtel Hilton du Caire était le quartier général des missions politiques et militaires israéliennes. Le soir de sa première rencontre avec Sadate, mon mari trouva dans le hall du Hilton une foule de gens prêts à l'applaudir et à l'interviewer. Il comprit mieux sa popularité soudaine lorsqu'il vit le général Ezer Weizman, le ministre israélien de la Défense monter l'escalier derrière lui : entre les deux hommes, la ressemblance est plus que frappante.

Le général devait dîner chez son homologue égyptien : Edmond y fut également invité. Cette soirée le marqua profondément. A une même table, on avait réuni de très jeunes gens, égyptiens et israéliens, tous grands blessés des combats de 1973, et parmi eux le propre fils de Weizman, gravement atteint à la tête. Cette nuit, il n'y avait plus ni vainqueurs, ni vaincus, seulement un grand vent d'amitié qui balayait les souvenirs tragiques des dernières années.

J'accompagnai Edmond lors de sa seconde

visite au président Sadate, dans sa résidence de Port-Saïd. Je fus frappée par son rayonnement, ce mysticisme visionnaire que j'avais déjà remarqué chez David Ben Gourion ; Johane, sa femme, était réservée, mais on sentait qu'elle exerçait une influence discrète. Le président, en regardant les bateaux circuler sur le canal de Suez, parlait du grand tunnel qui passerait bientôt dessous et déboucherait sur l'autoroute permettant, à travers le Sinaï, de rejoindre Israël...

Avant de nous séparer. Mme Sadate me conseilla de rendre visite à l'ex-impératrice Farah, très seule depuis la mort du Shah. Je n'imaginais pas que, peu après, l'assassinat du président plongerait cette femme dans un drame encore plus grand.

L'an dernier, je suis retournée, sans Edmond, visiter la Haute-Égypte. J'y retournerai encore. Même si les difficultés économiques de l'Égypte et d'Israël, les tensions au Liban, un certain pragmatisme du président Moubarak et du gouvernement d'Israël ont largement réduit les rêves ébauchés un soir d'octobre à Port-Saïd, je garde ancrée en moi la conviction que c'est par Le Caire et par Jérusalem que passent aussi les chemins de la paix au Moyen-Orient.

S'il était parfois le cadre d'inoubliables soirées, le domaine d'Armainvilliers avait d'abord pour vocation d'abriter les activités dont Edmond, pendant le week-end, ne pouvait se passer.

Il transforma l'ancienne ferme style Petit Trianon de son grand-père en un superbe haras et il aménagea les anciennes écuries pour y installer ses élevages de chevaux de course ; les jeunes poulains étaient entraînés à Chantilly.

Edmond aimait beaucoup se promener entre les *foals* et les *yearlings*, les regardait gambader dans les prés, s'enquérait des nouvelles naissances. Mais il ne trouvait guère d'intérêt dans les réunions hippiques. Notre écurie remporta peu de victoires sur les champs de courses.

A partir du mois de mai, Edmond avait une

autre préoccupation : surveiller son élevage de faisans. Car Armainvilliers était, avant toute chose, le royaume des chasseurs.

La chasse en Seine-et-Marne est de tradition anglaise : ce sont des gardes-chasse et des gardes forestiers venus d'Outre-Manche qui, au cours du XIXe siècle, aménagèrent les grands domaines que possédaient à l'est de Paris les Rothschild, les Pereire, les Gramont. Dans cette région relativement plate, ils imaginèrent de planter de grands massifs de rhododendrons qui servaient de couverts en forêt ; ils conçurent les tirés de chasse de telle manière que, grâce à des banderoles et des arrêts, les faisans fussent contraints à s'élever dans les cieux deux ou trois cents mètres avant la battue.

Les oiseaux étaient mis en liberté dès le mois de juillet : selon la grande tradition, la chasse n'était ouverte qu'à la fin octobre ou au début novembre, lorsque les faisans étaient adultes et qu'il n'y avait plus de feuilles aux branches pour entraver leur vol.

Nous organisions environ six grandes chasses, la dernière aux premiers jours de janvier. Les invités arrivaient vendredi soir. Pendant que les hommes prenaient un verre avec Edmond dans la bibliothèque, je conduisais mes amies dans leurs chambres — « la chambre La Fontaine », « la chambre chinoise », « la chambre romantique », « la chambre anglaise », « la chambre Adélaïde ».

Les rois étaient jadis les habitués d'Armainvilliers, en particulier Alphonse XIII d'Espagne, et, entre les deux guerres, la fine fleur de la vie politique française. Edmond reprit le flambeau : parmi nos fidèles chasseurs, Georges Pompidou pendant plus de dix ans, Valéry Giscard d'Estaing avant qu'il ne devienne président de la République. Roger Frey, Bourgès-Maunoury, l'ancien président du Conseil, Hubert d'Ornano, et nombre d'autres personnalités.

En 1964, lors d'une visite en Hollande, Edmond eut la chance de rencontrer le prince Bernhard des Pays-Bas. Désormais, il vint tous les ans chasser à Armainvilliers, accompagné de son aide de camp, le beau colonel Geertsema. Nous réservions au prince la « chambre Louis XVI » située au rez-de-chaussée ; à son intention, on mettait à rafraîchir une bouteille de champagne rosé, dans un vase les œillets dont il fleurissait sa boutonnière à toute heure de la journée. La première fois, impressionnée de recevoir une Altesse Royale, je commandai une brassée d'œillets rouges. Qu'avais-je fait ? Le prince n'aime que les blancs ! Edmond y veillait heureusement. Un incident diplomatique fut ainsi évité d'extrême justesse...

Souvent, Edmond fut invité à chasser en Hollande. Je l'accompagnais, ravie de ces visites au Palais royal : la reine était toujours affable, d'une rare simplicité. Le prince Bernhard introduisit mon mari dans le cercle très fermé du « Bilderberg » qui organise périodiquement en Europe, aux États-Unis, de grandes conférences internationales sur un thème politique, économique ou militaire ; elles sont réservées aux chefs d'État, aux hommes politiques de haut niveau et à quelques hommes d'affaires, chargés d'assurer le financement.

Edmond eut ainsi l'occasion d'élargir son horizon, de rencontrer les acteurs de la scène mondiale, Henry Kissinger, Helmut Schmidt, Wilfrid Baumgartner, Edward Heath et Margaret Thatcher. Aujourd'hui, Edmond a quitté le Bilderberg à la suite du prince Bernhard mais continue à participer à la Conférence Trilatérale et au groupe de réflexion de Kissinger.

Les chasses d'Armainvilliers étaient une fête pour tous. Elles constituaient l'un des événements mondains de la saison. Une trentaine de rabatteurs venaient des villages voisins, Tournan, Gretz, Favières : durant le week-end, régnait une formidable ambiance dans les cuisines.

Le vendredi soir, nous nous couchions tôt en prévision du lendemain. Dès huit heures, les petits déjeuners étaient servis par les femmes de chambre : napperon brodé, fine porcelaine, rose fraîche éclose et journaux du matin, français, anglais, espagnols, allemands, qu'un chauffeur avait été quérir dès l'aube à Paris. Un matin, ce fut moi, vêtue de probité candide et de linon blanc, qui apportai son plateau à une célèbre enquiquineuse : elle l'avait déjà renvoyé à trois reprises sous prétexte que son café était froid, les toasts pas assez grillés et le choix de confitures insuffisant ; je me souviens encore de son air ahuri quand elle me vit entrer dans la chambre. Je lui posai le tout sur les genoux et lui dis : « J'espère que cette fois Madame sera satisfaite. »

Je tenais à la disposition de mes invitées une

merveilleuse masseuse, Gabrielle Yafrate, rencontrée à Cannes chez Elisabeth Arden. Elle habitait tout à côté d'Armainvilliers et connaissait sur le bout des doigts les plus célèbres anatomies du monde.

Les messieurs partaient très tôt à la chasse au faisan. Ils n'étaient jamais plus de huit, chacun escorté d'un garde, les chasseurs tiraient à deux fusils.

A une heure, ils revenaient pour déjeuner. La salle à manger retentissait de bruits et de rires. Je prenais soin d'avoir parmi mes invités quelques célibataires, hommes et femmes. Je regardais les hommes regarder les femmes, pas forcément la leur. Les déjeuners, qu'accompagnait un château-lafite, étaient toujours très gais. L'après-midi, deux autres battues et en fin de journée, le tableau de chasse comptait quatre ou cinq cents faisans, parfois plus.

Dans le grand salon des chasseurs, devant une bonne flambée, se déroulait le rituel du thé : brioches, tartes et tous les gâteaux de la terre. « Monsieur » Vacquant, le chef hérité de mon beau-père, nous préparait un chocolat chaud unique au monde. Hélas, il disparut en emportant sa recette dans la tombe ! Nous bavardions, le prince Bernhard jouait aux cartes avec Georges Pompidou, Janine Vernes s'asseyait devant le grand Steinway, parfois Gay d'Andlau chantait.

Quelques amis, Pierre et Sylvie Hottinguer, venus de leur château de Guermantes en proches voisins, Christian et Éliane de Fels, nous rejoignaient pour le grand dîner du samedi soir. Les femmes faisaient assaut d'élégance, étrennaient des robes et des parures sublimes. Après le dîner, nous inventions des jeux : ils créaient une atmosphère bon enfant et décontractée qui ravissait les plus sérieux de nos amis.

Dimanche était réservé à la chasse au gros gibier. Edmond avait aménagé deux parcs à sangliers. Nous nous rendions tous en voiture jusqu'au lieu de rendez-vous, les maîtres d'hôtel remettaient à chacun une sacoche contenant du bouillon chaud, un peu de vodka et quelques sandwichs. Car nous restions parfois immobiles cinq ou six heures d'affilée par un froid intense, postés sur des miradors hauts de trois mètres. Le tir se faisait exclusivement à balles.

A chaque chasseur, sa sacoche, son mirador... et sa dame de compagnie ! C'est ainsi que je me retrouvai plus d'une fois toute une demi-journée sur une plate-forme de deux mètres carrés en compagnie de Georges Pompidou enroulé dans son cache-nez ou de Valéry Giscard d'Estaing, chapka sur la tête. Je souriais beaucoup mais parlais à peine. Les règles instituées par Edmond pour rendre la chasse plus difficile étaient draconiennes et nécessitaient une attention permanente : interdiction de tirer les femelles suitées et, bien sûr, les animaux rayés donc trop jeunes.

Le soir venu nous sortions pour admirer un spectacle féerique : devant le château, nos gardes-chasse en grande tenue bleue à lisière jaune aux couleurs Rothschild se tenaient en demi-cercle, éclairant de leur torche trente à quarante sangliers étendus à leurs pieds.

La plupart d'entre eux étaient vendus, nous ne gardions que quelques bêtes pour la cuisine. Les défenses étaient envoyées chez Deyrolle, le naturaliste de la rue du Bac : montées par deux sur une plaque en bois portant la date de l'exploit, elles étaient alors offertes à nos invités.

Pendant dix-huit ans, nous avons ainsi renoué chaque automne avec les traditions familiales. Plaisirs de l'amitié, fous rires; baisemains et pieds de nez. Souvenirs de lumière, joies de la nature, du froid qui mordait les joues et volupté du bon feu qui réchauffait les doigts gelés.

Le parc était parfois emmitouflé de blanc, j'oubliais tout, mes charges de maîtresse de maison. Je me serrais contre Edmond, tenant ferme la petite main de Benjamin : sous mon bonnet de fourrure noué sous le menton, j'étais une petite princesse des neiges venue d'Alaska ou de l'Oural. Et l'éclat des torches allumait des étoiles dans mes yeux...

Edmond avait aussi ses propres passions, celle du bateau en tout premier lieu. Peu après notre rencontre, le plus clandestinement du monde, il m'emmena, mon jour de relâche au théâtre, sur son *Gitana III,* un ketch de vingt mètres ; sa coque de fer, ses voiles de coton brique semblaient pouvoir affronter toutes les mers. Partis de Deauville, nous arrivâmes à Cherbourg d'où, le soir même, je repris le train pour Paris (fallait-il que je sois amoureuse !).

Cette équipée ne fut que la première d'une longue série. Nous fîmes nombre de croisières en Méditerranée, les îles grecques, l'Espagne, le sud de l'Italie. Armand Léon, l'ancien skipper de Gaston Gallimard, était notre capitaine. J'aimais ce brave bateau — je me revois encore repeignant son cockpit d'une superbe peinture bleu ciel — mais ses performances nautiques étaient plus que médiocres. Edmond le revendit à Jean-Claude Brouillet, mari de Marina Vlady, qui pensait faire le tour du monde. Il ne devait conserver ni le bateau (qui promène aujourd'hui des touristes en Casamance), ni sa femme...

Gitana IV, le nouveau favori, avait été construit en Italie près de Portofino dans les chantiers San Germani. Long de vingt-huit mètres, large de six, ce bateau tout en acajou et teck donnait une fantastique impression de puissance et de finesse. Le 15 août 1962, nous en prîmes livraison. Nous n'avions pas fait cinq milles que je criai à Edmond : « Nous avons perdu l'hélice ! » Mais mon marin préféré avait depuis le début décidé que je n'avais aucun sens de la voile : il éclata de rire et me traita d'idiote. Lorsque le vent tomba et qu'il voulut mettre le moteur, il dut se rendre à l'évidence, l'hélice avait bien disparu. Nous rentrâmes dans le petit port de Portofino à la voile. Ce jour-là, Armand Léon signa un de ses plus beaux exploits, virant de bord avec seulement deux marins et Edmond à la barre.

Pendant des années, nous avons passé sur *Gitana IV* de merveilleuses vacances, Benjamin y a fait ses premiers pas. Il refusait obstinément d'avoir un harnais autour de la taille et un jour, bien évidemment, il tomba du pont par la claire-voie ouverte dans la cabine. Il rebondit sur la commode, en fut quitte pour quelques bosses ; je mis des heures à me remettre de ma frayeur.

Gitana IV promène aujourd'hui les touristes dans les Bahamas. Edmond commanda à l'architecte Carter le bateau de course *Gitana V* : avec ses équipiers Marc Berthier et François Carn, il fit ses premières courses en Angleterre et gagna de nombreuses régates (deux fois les championnats de la Méditerranée). Mais ce bateau fut vite détrôné au profit du *Gitana VI*, construit en Hollande d'après les plans de Rod Stephens, le grand architecte américain. Un magnifique voilier vite auréolé de victoires. Puis, Edmond créa avec ses amis et concurrents la classe des « maxi-boats », classe A, dont il est aujourd'hui le président.

Ces machines super-sophistiquées me reléguaient dans les ports où je passais mes journées à attendre de moins en moins patiemment le retour du guerrier. Toujours grand prince, Edmond fit construire un yacht, chef-d'œuvre de raffinement britannique, qu'il appela l'*Athma* en souvenir de son grand-père. Le salon, comme le tableau de bord d'une Rolls ou les boîtes à cigares, était recouvert de loupe d'amboine.

Seul petit ennui : Edmond n'avait pas réalisé qu'un bateau à moteur comporte... un moteur. Et un moteur, ça fait du bruit. Mon mari décida bientôt que naviguer sur l'*Athma* était pire que voyager en chemin de fer. Le yacht vécut ce que vivent les caprices, l'espace d'une saison.

Loin de se décourager, Edmond continua à naviguer, à faire construire d'autres bateaux, de moins en moins confortables, de vrais couloirs lestés. Je compris que chacun de nous garde en lui une part de célibataire. Edmond m'avait conviée sur son bateau par politesse. J'aurais dû deviner que c'était son domaine réservé. Le temps de la relève était venu : Benjamin est aujourd'hui son premier équipier.

Heureusement pour mon amour-propre, j'avais déjà apporté la preuve que, en matière de sports, je pouvais être une élève douée.

En 1964, Élie et Liliane de Rothschild nous invitèrent en Autriche. Ils avaient à l'est d'Innsbrück, une fameuse chasse de chamois et de cerfs.

Ces hautes vallées à 2000 mètres d'altitude surplombées de pics enneigés toute l'année enthousiasmèrent Edmond. Il demanda à un collaborateur d'Élie, Georges Nemès, de lui trouver un territoire non loin de là. Et, bientôt, nous fûmes locataires plus à l'ouest, presque à la frontière suisse, d'une chasse de 16000 hectares.

Avec ses balcons fleuris, ses chalets de bois aux volets percés d'un cœur et ses toits pentus Ischgl est un vrai village d'opérette. Les premières années, nous habitions la pension Meyer. Puis nous fîmes construire une « Jagdhaus », à flanc de colline dans un bois de pins. A l'extérieur, une maison autrichienne comme les autres, tout en bois sombre, à l'intérieur, des pièces subtilement distribuées autour d'un escalier de chêne sculpté et décoré de motifs peints. J'y plaçai de beaux meubles Renaissance et Louis XIII, et jetai sur les canapés des étoffes anciennes, de somptueux cachemires brodés, choisis dans les greniers de Pregny et d'Armainvilliers.

C'était en 1968 : j'avais déjà fait mes classes de décoratrice dans le chalet de Megève et savais à présent m'organiser. Pour Ischgl, j'ai établi la liste pièce par pièce de tous les meubles et objets nécessaires. Pendant des mois, je réunis le tout et en quatre jours, sous mon œil vigilant, la maison a été installée, il ne manquait ni le papier à lettres gravé, ni les sachets parfumés dans les commodes, ni les cintres matelassés en cretonne tyrolienne.

Nous étions merveilleusement heureux à Ischgl. Benjamin invitait ses copains : pour des enfants de huit ou dix ans, quel plus beau paradis que ces terres d'aventure ? Nous faisions de grandes marches en forêt, nous allumions des feux de bois pour pique-niquer, nous nous arrêtions parfois pour la nuit — la grande folie — dans un refuge à plus de 3000 mètres, nous pêchions la truite dans les ruisseaux d'eau claire.

Edmond s'occupait surtout d'améliorer la chasse, ne tirait qu'un nombre très limité d'animaux et tentait de développer une belle qualité de cerfs.

Comme tous les titulaires de chasse en Autriche, il avait le sentiment d'être d'abord un écologiste, un gardien de la nature. Sa connaissance de l'allemand lui permettait de discuter des heures durant avec Xendl, le garde-chef, de l'endroit où créer un centre pour nourrir les animaux en hiver, des aliments à leur donner, des bêtes à éliminer, des nouvelles espèces à introduire. Il acheta à Élie plusieurs cerfs anglais et un ou deux cerfs des Carpates. Il importa des bouquetins de Suisse, développa ses troupeaux de chamois. Mais sa fierté, c'étaient les grands cerfs de la vallée du Fimba-tal, qui ne peuvent être tirés qu'à partir de neuf ou dix ans, et que les gardes connaissent si parfaitement qu'ils leur donnent à chacun un nom.

En Autriche, des plans de chasse sont établis entre les locataires, les gardes et les autorités forestières nationales. Ils précisent le nombre de chamois, de cerfs et de chevreuils qui doivent être tués chaque année selon leur âge et leur sexe. Ces règles nécessaires au bon équilibre des espèces font cruellement défaut en Suisse et en France : d'où les graves épidémies, en particulier dans le Parc national de la Vanoise où les chamois meurent par centaines, faute d'éliminer à temps les animaux trop vieux.

Les chevreuils se chassent au mois d'août. La plus belle chasse cependant est celle qui se déroule au moment du brame fin septembre, début octobre. Prodigieuse saison où la nature revêt sa plus éclatante parure : jaune des mélèzes, vert profond des sapins, rouge des touffes de bruyère, sous un ciel d'un bleu très pur, surtout lorsque souffle le foehn. Parfois, il nous était donné de suivre à la jumelle un combat de cerfs.

La nuit, retentissaient leurs bramements. Nous chassions au lever du jour et à la tombée de la nuit. Le matin, nous partions vers quatre heures dans le noir le plus complet, et au cours de notre progression nous voyions s'allumer une à une les lumières dans les maisons du village ; la fumée s'échappait des cheminées, nous apportant de bonnes odeurs de feux de bois. Nous nous enivrions de l'air du matin et ma plus grande joie était d'assister au lever du soleil qui teintait de rose les cimes enneigées.

L'après-midi, nous avions tout loisir de nous installer sur les miradors ou bien de rechercher l'animal à la voix ou à la vue. Mais bien souvent, la nuit tombait lorsque nous étions à portée de fusil et tout était à recommencer. Seuls ceux qui n'ont jamais participé à ce combat à la loyale mené au terme d'épuisantes escalades n'y voient qu'une tuerie.

J'accompagnais Edmond par tous les temps, chaque matin, chaque après-midi. Nous invitions à Ischgl d'excellents fusils, le prince Antoine de Ligne, Patrick Guerrand-Hermès ou le comte Roland d'Andlau. Un jour, ce dernier se faisait attendre. Pepi, notre garde, piétinait, l'air pas content. Edmond me dit : « Si ça t'amuse, prends une carabine et pars avec lui. » Si ça m'amusait ? J'en rêvais depuis des mois, des années !

Nous partons. Soudain, nous nous arrêtons : sur le versant d'en face, un chevreuil. Pepi retire son sac à dos, le pose sur le rocher, cale ma carabine, je m'allonge par terre, ajuste le tir. Angoisse : « Mon Dieu, faites que je ne le blesse pas ! ». Rater son coup, passe encore, seule la fierté est atteinte. Mais blesser l'animal et le laisser souffrir, jamais ! Même si on se doit de le rechercher coûte que coûte en pleine nuit dans ces montagnes infinies, quel que soit le froid.

« Schiessen, Madame la Baronne ! Tirez ! » Plus le temps de réfléchir. J'ai tiré, le chevreuil s'est effondré. Quand le garde m'a dit la phrase rituelle : « Waidmann's Heil », alors j'ai compris que je l'avais tué. Et c'était mon premier coup de fusil ! J'avais tellement guetté l'apparition des animaux, tellement tiré par procuration même si mon œil n'était pas dans le viseur, que presque à mon insu j'étais devenue chasseur.

Pepi et moi sommes allés chercher l'animal de l'autre côté de la montagne, précédés par notre chien. Arrivé devant le chevreuil frappé en plein cœur, le garde brisa une petite branche de sapin ; il la trempa dans le sang qui s'écoulait de la blessure et la déposa sur son chapeau en me le tendant. Je me découvris. Il me dit à nouveau : « Waidmanns'Heil », le chasseur de la forêt te salue. Je pris la branche de sapin, la piquai sur mon chapeau et lui répondis : « Waidmann's Dank », le chasseur de la forêt te remercie.

Fiers et heureux, nous sommes redescendus dans la vallée ; à mi-chemin, Edmond nous attendait. Je croyais recevoir des félicitations, entendre des cris de joie : ce n'est pas précisément à cet accueil que j'eus droit. Tout de suite, je sentis que quelque chose n'allait pas. Xendl qui suivait mon mari a regardé le chevreuil : « Dommage, Monsieur le Baron, c'est l'animal que nous cherchons depuis trois jours. » Edmond, l'air sombre, ne proféra pas un mot. S'il avait osé, il m'aurait volontiers giflée. Furieuse, je le plantai là et redescendis seule vers le chalet.

Sur le plateau du petit déjeuner, le lendemain

matin, était posée une superbe carabine, accompagnée d'un carton : « A ma divine chasseresse. » Edmond, un peu honteux de n'avoir pas réussi à cacher son dépit, ne sut que faire pour m'être agréable les jours suivants. Je retins la leçon : avec les hommes, n'entrez jamais en compétition.

Malgré cette résolution, je continuai une carrière bien amorcée. Il m'arriva de tirer dans la même journée un cerf, un chevreuil et un chamois, tous de belle qualité. Nous gagnâmes plusieurs médailles d'argent et même une médaille d'or pour un trophée de chamois. Au Tyrol, tout gibier est examiné par un jury qui décide s'il a été tiré selon les règles.

Chaque année, il est de coutume de désigner le « Cerf de la Saint-Hubert », le plus beau de la saison. Il y a six ou sept ans, Élie de Rothschild et moi étions en compétition. Après moult délibérations, le jury donna son verdict : j'étais la gagnante. Mon cerf — conservé tout entier dans l'espoir qu'il serait primé — fut posé tel le Sphinx sur un immense char recouvert de branches de sapins.

La cérémonie se déroulait dans la petite ville de Landeck, devant tous les chasseurs de la région, en tenue, et la population en costume local, culottes de cuir pour les hommes, corsages blancs, robes lacées et tabliers damassés pour les femmes. Des cavaliers en bel uniforme autrichien ouvraient la marche, torchère à la main. Suivait le cerf sur son char. Entourée de mes trois gardes barbus, fiers comme Artaban, j'étais la reine du jour, seule femme en tenue de chasse enveloppée dans une cape de loden ; j'arborais à mon chapeau le plumet qui signait mon triomphe.

Ce n'était pas rien d'être sacrée meilleur fusil du district ! Dix ans plus tôt, j'admirais et j'enviais Liliane de Rothschild et la princesse de Réthy, toutes deux fusils renommés au Tyrol. Désormais, nous étions trois.

Sur la grand-place, on célébra la messe. Puis, il y eut un banquet et j'ouvris le bal avec un monsieur dont la tête me disait quelque chose mais quoi ? A la fin de la valse, j'interrogeai par un haussement de sourcils ma précieuse collaboratrice autrichienne, Mme Traxl, en désignant mon danseur : « C'est M. le curé », murmura-t-elle. Ce bon pasteur, n'oubliant pas qu'il était également chasseur, avait enfilé sous sa soutane, en prévision du bal, knickers, guêtres et veste de loden.

Pour une belle chasse, il importe non seulement d'avoir un vaste territoire où les animaux circulent librement mais de le garder quatorze ans, temps minimum requis pour obtenir un beau cheptel. Hélas ! au bout de treize ans, les habitants d'Ischgl firent pression pour récupérer notre territoire. Bien que nous ayons gardé une chasse de 4 000 hectares en altitude, ce fut un crève-cœur pour Edmond.

J'espère qu'une fois ses plaies pansées, il acceptera de venir revoir cette région du monde qu'il a tant aimée.

Devenu un fervent du tir à la carabine et mis en appétit par les récits de safaris d'Henri Roussel,

Edmond eut envie d'élargir la collection de trophées africains de son père. A la fin de 1967, nous partîmes passer le Nouvel An au pied du Mont Kenya. Guidé par un chasseur qu'on lui avait recommandé, Anton Allen, Edmond tua deux ou trois gazelles.

Désormais, nous prîmes l'habitude de passer quinze jours en début d'année au Kenya ou en Tanzanie. Nos chasses africaines restent parmi nos plus beaux souvenirs. Spectacles inoubliables, immenses troupeaux de buffles se profilant au pied du Kilimandjaro. Un soir, vers huit heures, nous rentrions fourbus au camp, une jeep arriva. En débarquèrent un vieux monsieur distingué et une exploratrice à la jupe sévère et aux lunettes d'institutrice. Nous les invitâmes à partager notre repas. Ils appartenaient tous deux à une mission scientifique britannique chargée de rechercher... « La girafe Rothschild [1] » ! Ils nous apprirent à notre stupéfaction qu'elle a, devinez quoi ? non pas deux cornes mais trois !

Tandis qu'Edmond s'attaquait aux gros animaux, je me cantonnais dans la chasse aux zèbres, aux gazelles et aux impalas. Nous partions chacun de notre côté, accompagnés d'un chasseur et d'un pisteur africain. Et puis, un jour...

La savane était désespérément plate, parsemée de cailloux. Pour accrocher le regard, rien qu'une petite montagne, une sorte de gros mamelon posé là par une curieuse fantaisie divine. Nous décidons d'y grimper, pour avoir une vue d'ensemble

1. Trouvaille sans doute de quelque Rothschild anglais (certains sont de grands savants).

du paysage : maigre végétation roussie d'où émergeaient quelques rares épineux. Soudain, au loin, un éléphant, énorme, suivi d'un autre plus petit. Le chasseur ajuste ses jumelles : le vieil éléphant n'avait qu'une défense. « Il a dû perdre l'autre dans un combat, me dit-il, attention, il est sans doute méchant. Voulez-vous le tirer ? » Je dis oui sans hésiter ! Nous laissons la jeep et avançons prudemment, le pisteur devant nous secouait un petit sac de talc pour prendre la direction du vent. Les éléphants ont un flair et une vue limités : si l'on sait se placer par rapport au vent, on peut les approcher jusqu'à quelques mètres. Ce jour-là, il n'y avait pas le moindre souffle d'air, la chaleur était éprouvante bien qu'il fût encore très tôt. Pour tout arranger, je portais un pantalon de toile terriblement serré, un vrai supplice à chaque pas.

Nous marchons ainsi cinq ou six kilomètres. Et, tout à coup, sortis d'on ne sait où, les éléphants de profil à vingt mètres de nous ! « C'est le moment », murmure le chasseur. Je tremblais comme une feuille : « Où dois-je tirer ? Au défaut de l'épaule ? » J'espérais atteindre le cœur. « Non, visez le creux de l'oreille, c'est plus sûr. » Rien de plus dangereux, on le sait, qu'un éléphant blessé. « Mais l'autre ? demandai-je dans un souffle (et ce qui ne simplifiait pas les choses, en anglais). — Dès que vous aurez tiré, il prendra peur et s'en ira. » Il me tend le fusil, une carabine, proprement « importable ». Rien bien sûr pour prendre appui : « Posez le canon sur l'épaule du pisteur », me dit le chasseur. J'obtempère, paniquée. Et cet éléphant qui n'arrête pas de bouger : « Tant pis, visez le cœur. »

Je tire et avant même de savoir si le but est atteint, j'entends un martèlement : le petit éléphant — à la réflexion pas si petit — fonce sur moi. Je jette mon fusil par terre. « Go away ! » crie le chasseur. Je n'ai pas attendu sa bénédiction. Je cours aussi vite que je le peux, l'éléphant derrière moi manque de tomber sur les cailloux, une seule idée en tête : « Quand je pense que dans quelques secondes je vais mourir piétinée à cause d'un pantalon trop serré. »

A cet instant, un coup de feu claque, l'éléphant dévie de sa trajectoire toujours au pas de charge, la course-poursuite cesse, je suis sauvée. Le chasseur m'avait hurlé plusieurs fois de m'arrêter. Mais j'étais hors d'état d'entendre. Il s'est alors résigné à tirer sur mon poursuivant, ne lui infligeant qu'une éraflure.

Tout cela avait duré vingt secondes peut-être ; j'ai regardé derrière moi. Le gros éléphant, touché au cœur, tournait sur lui-même, puis il s'écroula. Quant à mon pantalon, si étroit une minute plus tôt, il me tombait littéralement sur les pieds, j'étais trempée comme si j'étais passée sous la douche. Toute l'aventure était une pure folie : jamais je n'aurais dû m'attaquer à un si gros gibier.

Il me fallut dix bonnes minutes, assise par terre, la tête entre les mains, pour retrouver ma respiration. Quand je levai les yeux, je crus que le cauchemar continuait : surgissant de ce vaste désert — par quelle porte secrète ? — des dizaines et des dizaines d'Africains entouraient l'éléphant, coupaient les jambes, la queue, l'éventraient, pénétraient à l'intérieur de l'abdomen pour y prélever les morceaux de choix : spectacle effrayant, fête sanglante de la savane.

Le retour au camp m'acheva. J'y pénétrai, précédée du bruit des klaxons, éprouvant tam-tam chargé de signaler au monde ma prouesse. On me porta en triomphe, tel Clovis sur son pavois. Edmond, dès qu'il connut les détails, se renfrogna. Ce deuxième épisode renforça mes convictions. A empiéter sur le territoire des hommes, nous autres femmes avons peut-être plus à perdre qu'à gagner. En tout cas, attention, danger, le terrain est miné.

A dire vrai, Edmond avait quelques raisons d'être un peu jaloux car il ne trouva jamais l'éléphant de ses rêves. Il exécuta un vieux lion qui, édenté à l'image de mon éléphant, était de toute façon condamné à brève échéance. Mais il connut son triomphe lorsqu'il tua un léopard : nous étions, depuis de longues heures, embusqués, Anton Allen, Edmond et moi, dans une cabane de branchages à quelques mètres de l'arbre auquel les pisteurs avaient accroché la veille un quartier de viande.

Soudain, le silence s'est fait dans la nature, plus un bruit d'animal, plus un chant d'oiseau, même les criquets se taisaient. Anton Allen nous fit un signe, le léopard était là, l'œil aigu, les muscles bandés, prêt à bondir sur son festin qui l'attendait dans les branches, mais flairant un danger qu'il ne voyait pas. C'est dans cette attitude que le léopard monte aujourd'hui la garde dans le grand hall d'Armainvilliers, témoin seigneurial d'un passé révolu : car la politique aidant, la chasse fut bientôt interdite en Tanzanie tandis qu'elle devenait au Kenya de plus en plus difficile. En 1972, nous avons renoncé à y aller chasser.

En Israël, je fis une rencontre qui devait peser lourd sur mon existence : Raya Jaglom, fille d'un banquier de Bessarabie, émigrée en Palestine dès 1940, une femme exceptionnelle. Elle préside aux destinées de la « Women's International Zionist Organization ». La WIZO, strictement apolitique, compte de par le monde cinquante fédérations et 250000 membres, tous bénévoles, dont 15000 en France. Cette organisation, la plus puissante de la Diaspora, est capable de se mobiliser en quelques heures pour manifester contre tout acte d'antisémitisme. La WIZO anime en Israël 660 établissements : crèches, écoles agricoles et techniques, centre de formation professionnelle, clubs de jeunes, d'assistance aux nouveaux immigrants.

C'est à Raya Jaglom que je dois d'avoir compris

que le nom Rothschild ne devait pas en Israël se décliner uniquement au masculin. Peu après mon mariage, je devins membre de la WIZO de Paris. Je retrouvai ce même immeuble vieillot de la rue du Mont-Thabor que j'avais fréquenté lors de mes leçons d'anglais avec Mlle Guyot. Je poussai la même porte, grimpai le même escalier, m'arrêtant cette fois au second étage.

Mon problème n'était plus d'apprendre une langue étrangère, mais d'aborder un monde nouveau, ce monde qui m'avait été donné par bouffées lors de mon premier voyage en Israël, bouffées de gaieté, de chaleur humaine et d'amitié, mais qui me restait mal connu. Je participais aux fêtes de famille, aux goûters d'enfants. J'y emmenais parfois Benjamin, ce qui me valait d'être saluée par cette belle phrase tirée de la Haggada, le récit de l'Exode : « Gardienne de la maison, heureuse mère d'un garçon, alleluia ! »

Je découvris la place essentielle qu'occupe la femme dans la famille juive : si l'homme en est la tête, elle en est le cœur. Tout gravite autour de sa personne. C'est elle qui transmet les gestes rituels qui sacralisent la vie quotidienne. C'est elle encore qui le vendredi soir et le samedi réunit la famille autour du repas, elle qui allume les lumières du sabbat. Ce cocon protecteur qu'offre une famille juive, cette tendresse inconditionnelle qui lie ses membres, je les ai rarement retrouvés ailleurs. On se tient chaud, on se serre les coudes, d'autant plus peut-être que le monde extérieur n'est pas toujours bienveillant. Si la mère juive donne plus à ses enfants qu'une autre mère, c'est sans doute parce qu'en elle survit la vieille peur ancestrale, celle des pogroms, celle des camps de la mort.

En septembre 1968, je fus élue présidente de la WIZO de Paris. Juliette Stern, grande résistante, et présidente pendant quinze ans de la WIZO française, avait prophétisé que l'association connaîtrait son plein épanouissement avec une Rothschild à sa tête : « Car alors, disait-elle, seraient incarnés le sens des traditions, la générosité, la conscience des devoirs et des responsabilités qui sont la marque de cette famille. » J'étais la femme d'Edmond, j'étais jeune mariée donc non encore embrigadée dans mille activités, je fus choisie.

Certains pensaient sans doute que je ne verrais là qu'un titre honorifique. C'était mal me connaître. Émue par la confiance que l'on me témoignait, je me jetai à corps perdu dans mes nouvelles tâches. Il y avait fort à faire pour la communauté juive française, 650000 personnes dont une forte proportion de jeunes qui risquaient de perdre leurs racines religieuses et culturelles si on ne les initiait pas à la Torah, si on ne leur enseignait pas l'hébreu, si on ne leur parlait pas de la Terre de leurs ancêtres. Il fallait aussi assumer la gestion du lycée de formation professionnelle, l' « Institut France-WIZO » que notre fédération avait fondé aux portes de Tel-Aviv pour œuvrer au rapprochement France-Israël : on y enseigne la langue et la culture françaises.

La WIZO de Paris était une vieille dame respectable, d'essence plutôt bourgeoise. Je n'avais rien contre les activités un peu « paroisse », les travaux d'aiguille, de tricot, la confection de gâteaux. Et tant mieux si les grandes ventes de livres ou d'objets d'art marchaient fort bien. Les dons étaient souvent si spontanés que j'en étais touchée. Un jour, je découvris dans la vitrine de l'antiquaire Kügel, faubourg Saint-Honoré, un cerf en argent du XVIIe siècle. J'entrai et signai un chèque pour emporter chez moi la merveille. M. Kügel eut alors ce geste, il endossa le chèque et me le tendit de nouveau : « Permettez-moi, madame, de l'offrir à la WIZO. » Il m'apprit que sa mère, antiquaire comme lui, assistait chaque année, fidèle au poste, à la vente annuelle d'objets d'art, elle ne faisait confiance qu'à elle-même pour vendre au public les pièces rares qu'elle offrait.

En prévision de la grande vente de charité qui se tenait fin novembre traditionnellement à l'Hôtel Rothschild de la rue Berryer (légué à l'État en 1922 par la baronne Salomon), Rachel Limon et moi courions les magasins : je me souviens de mémorables équipées dans le Sentier et à Barbès-Rochechouart où M. Tati nous combla de cadeaux. Rarement, je sonnais à une porte sans repartir les bras chargés.

J'eus rapidement un autre projet. J'avais noté qu'au Bal des Débutantes, il n'y avait guère de jeunes filles juives. Je suggérai d'organiser pour elles, tous les deux ans, un autre « Bal des Debs », lui aussi mis en scène par Jacques Chazot dans un cadre à la hauteur de l'événement, les salons du Cercle Interallié. L'idée fit mouche. Malgré le prix élevé du billet d'entrée, tout le monde voulait y assister. Cette fois, j'envoyai des cartons en superbe parchemin sur lesquels j'avais fait tracer le nom des invités en belle ronde.

Les parents étaient là, tout émus, ils ne quittaient pas des yeux leur progéniture. Intimidées, les jeunes filles froufroutaient dans leur robe blanche, face à leur cavalier en habit. Sourires ébauchés, conversations engagées. Il y eut des coups de cœur et quelques mariages.

Je remarquai à l'un des deux bals que j'eus la charge d'organiser une grande fille brune aux formes épanouies, aux yeux noirs et au ravissant sourire. Dominique Loew, Doudou pour les intimes, était la fille, me dit-on, d'un industriel de Strasbourg. Elle ne rencontra pas l'homme de sa vie le soir du bal ! Mais, plus tard, elle sut charmer le fils aîné du roi Farouk d'Égypte, l'héritier présomptif. Et c'est ainsi que ma jolie princesse d'un soir devint la reine Farida, souveraine en exil.

A travers la WIZO, je rencontrai des femmes juives dans le monde entier. Mon premier discours en hébreu devant huit cents personnes réunies à l'hôtel Savoy de Londres fut un grand moment. Je n'avais de cette langue que quelques notions, aussi avais-je appris mon texte phonétiquement.

Je commençai mon discours d'un ton très naturel et, me dit-on, avec un pas trop mauvais accent. Je tournai les pages, une, deux, trois. Désastre : il n'y avait pas de page quatre ! Je suis restée perdue au milieu de ma phrase, puis bravement ai continué en anglais. Quand je redescendis de la tribune sous les applaudissements de l'assistance à qui ma mésaventure n'avait pas échappé, je me dis que j'avais fait quelques progrès depuis mes trous de mémoire à l'Olympia ou mon tour de chant avec Jacques Brel.

Mon mariage m'avait coupée de mon métier et projetée brusquement sur une autre scène : en fait, j'exerçais une fonction quasi officielle où mon passé de comédienne m'aidait grandement. Une femme de théâtre sait gommer ses maux de tête et ses états d'âme, se mettre en frais pour des gens qui ne sont pas forcément ses amis. Elle ne craint pas de prononcer un discours en public. Combien de femmes — et d'hommes — ai-je vus terrifiés à la simple idée de se lever pour porter un toast. J'ai toujours trouvé délicieux le léger frisson qui vous parcourt le dos au moment de vous jeter à l'eau, cet espace de silence qui sépare le brouhaha de la foule de votre première phrase. Le public, c'est toujours le public. Peu importe ce que vous avez à lui vendre, même si ce sont vos émotions.

Bien sûr je me heurtais à la routine. J'aurais voulu dépoussiérer la WIZO et certaines trouvaient mon coup de torchon trop énergique. Mais dans l'ensemble, ma collaboration avec ces femmes intelligentes et dévouées fut des plus efficaces. Des moments de vraie complicité restent dans ma mémoire.

Tel ce jour de 1971. Lors de la conférence annuelle, nous travaillions par tables rondes. Devant moi, une responsable de Toulouse se mit à parler d'un bal qu'elle organisait, elle souhaitait le limiter à la jeunesse juive. Rose Herniaux, mon indispensable adjointe, qui présidait notre table, visiblement gênée par ce sectarisme à rebours, se prononça pour une participation plus large.

Mais la petite dame de Toulouse ne voulait pas en démordre : « C'est la porte ouverte à des mariages mixtes, dit-elle. Et que ferons-nous après des non-juives qui épouseront nos fils ? » Alors, moi, qui jusque-là étais restée muette, ai glissé : « Vous savez, madame, on peut en faire de très bonnes présidentes de la WIZO... » Le triomphe amical que me valut cette petite phrase fut pour moi la meilleure preuve des liens que plusieurs années de travail avaient tissés entre nous.

Pendant sept ans, j'ai consacré mes efforts à la WIZO. Mais il y avait aussi Edmond et Benjamin, mes charges de maîtresse de maison, les voyages, les réceptions, les obligations. C'était une course de tous les instants. J'avais besoin de souffler un peu. L'année de mes quarante ans, j'ai décidé de passer le flambeau. Très vite, je devais me retrouver prise par d'autres activités.

La philanthropie, chez les Rothschild, est moins un devoir qu'une tradition. Déjà, à la fin du Second Empire, note Anka Muhlstein dans le joli livre qu'elle consacre à son aïeul le baron James [1], « Les Rothschild distribuaient plus de 80 000 francs en donations publiques, soit la moitié de la subvention totale de l'État. » James prélève en outre sur sa cassette personnelle les fonds nécessaires à la construction en 1852 du premier hôpital juif. A l'époque, on ne fondait pas un hôpital pour se faire pardonner sa fortune mais par solidarité avec les plus pauvres de la communauté et parce que le temps du ghetto n'était pas si lointain.

Les Rothschild construiront également un hos-

1. *James de Rothschild,* Gallimard, 1981.

pice, un orphelinat. Et, sur des terrains que la famille possède à Paris, des logements, les ancêtres de nos HLM, offerts aux travailleurs pour des prix modiques. Au début du siècle, parce qu'il a reçu une escarbille dans l'œil et n'a pas trouvé pour le soigner un centre de traitement approprié, Adolphe de Rothschild, le propriétaire du château de Pregny, décide de créer une « Fondation ophtalmologique », rue Manin dans le XIXe arrondissement. Un établissement auquel le baron Edmond, son cousin et héritier, adjoint au lendemain de la guerre de 1914 un service d'ORL. Ce dernier inaugure aussi un hôpital de 340 lits rue Santerre dans le XIIe. En 1921, il lance une nouvelle fondation pour former des chercheurs en physique et en chimie. A l'âge de quatre-vingt-sept ans enfin, il met sur pied avec son ami, le savant Jean Perrin, le premier Institut de biologie moléculaire au monde, rue Curie, afin de poursuivre les travaux qu'avait abandonnés Claude Bernard.

Si certaines institutions comme l'hôpital de la rue Santerre ont été données à l'Assistance publique, d'autres restent aujourd'hui sous la responsabilité de la famille. L'hôpital de gériatrie, rue de Picpus, un établissement-pilote en France. L'Institut de biologie que préside le professeur Curien, père de la fusée Ariane, et dont mon mari est le vice-président-trésorier, mais qui doit surtout son développement remarquable à la personnalité de son directeur Bernard Pullman, un scientifique de renommée internationale. La Fondation ophtalmologique présidée par Edmond, et que dirige le docteur Yves Chaouat, l'un des premiers hôpitaux privés français, compte 230 lits, assure mille consultations quotidiennes et comporte plusieurs services de pointe. En particulier, le service de radiologie de Jacqueline Vignault, l'un des premiers à s'être doté d'un scanner, quatre services d'ophtalmologie dont celui de Danièle Aron-Rosa (qui dira qu'Edmond est anti-féministe ?...) ainsi que des services de rhumatologie, de dermatologie, de cardiologie et de neurologie.

Bien sûr, les temps ont changé. Le droit à la santé a réduit le rôle du bénévolat. Qu'est-ce qu'un philanthrope aujourd'hui ? Un monsieur qui collecte des fonds (les siens tout spécialement), négocie avec les pouvoirs publics pour obtenir le maximum d'aides possibles et s'ingénie à animer une équipe de professionnels. Voilà pour les fonctions d'Edmond en tant que président. A moi, le joli rôle : adoucir le paysage hospitalier par des gravures, des plantes vertes, participer aux inaugurations, servir de courroie de transmission entre les médecins et mon mari.

L'une des institutions dont il s'occupe me tient très spécialement au cœur : c'est l'OPEJ, l'Œuvre de Protection des Enfants Juifs, qui accueille dans ses trois maisons, une à Marseille et deux dans la région parisienne, près de 200 enfants confiés par les tribunaux et par les services de l'aide sociale à l'enfance.

C'est en 1943 qu'un groupe de résistants juifs crée l'OPEJ dans le sud-ouest de la France. Il s'agit alors de cacher les enfants dans des couvents ou dans des familles. A la Libération, dix-sept « maisons d'enfants de déportés » sont créées, avec l'aide du gouvernement français et de l' « American Joint Distribution Committee ».

Les enfants partent, les maisons ferment. En 1962, il n'en existe plus que trois. Est-ce la fin de l'OPEJ ? Non, car d'autres enfants arrivent, en provenance de Hongrie, de Pologne, d'Égypte surtout après l'affaire de Suez. D'autres encore d'Irak. Depuis la dernière guerre mondiale, l'OPEJ constitue le baromètre fidèle de la vie juive.

L'événement principal est la décolonisation : les Juifs du Maroc, de Tunisie, d'Algérie affluent vers la France, s'agglutinent autour des grandes villes, Paris et Marseille en particulier. Il ne s'agit plus pour l'OPEJ d'offrir un toit à des orphelins mais de prendre en charge pour un temps plus ou moins long des enfants dont les parents vivent mal leur transplantation.

Pour comprendre le désarroi de ces rapatriés d'Afrique du Nord, il faut imaginer ce qu'était leur vie dans le « mellah », le quartier des Juifs, où tout le monde se connaissait, où la solidarité était essentielle. Changer brutalement d'habitudes sociales, de climat, de métier, de mode de vie, avec des moyens précaires est une épreuve à laquelle beaucoup ne résistent pas. D'où une forte proportion de malades mentaux, d'alcooliques et des abandons de foyers à la chaîne. Presque toujours, des relations difficiles entre parents et enfants, les premiers attachés plus que jamais aux rites de leur foi, les seconds avides d'intégration et d'émancipation.

De tout cela, les enfants ne sortent pas sans dommage, ils traînent déjà un handicap scolaire considérable. Ce sont ces mineurs « en danger physique et moral » que les assistantes sociales dirigent sur l'OPEJ.

Maubuisson : une grande demeure toute blanche, à quelques kilomètres de Paris, l'œuvre par excellence de ma belle-mère qui s'y rendait au moins une fois par semaine, accompagnée de la fidèle Annecy. Jusqu'à sa mort, elle ignora la Sécurité sociale : elle pourvoyait seule aux besoins de « ses » enfants, n'imaginant même pas qu'elle pouvait à bon droit demander une participation à la DASS [1].

J'ai récemment fait rénover cette maison, encadrée par un parc superbe. Toujours soucieuse des petits détails, je vérifie moi-même ce dont les enfants ont besoin : livres, disques, jolie vaisselle, dessus-de-lit fleuris, conseils d'un jardinier pour que chacun cultive son bout de jardin.

Malgré ce cadre agréable, ce luxe d'espace, l'adaptation est parfois difficile. Difficile, la transition entre l'univers de béton où ils vivaient, et cette maison entourée de fleurs et d'arbres. Difficile, le passage d'un milieu familial perturbé, souvent violent, à la vie calme d'une communauté. A leur arrivée, certains enfants cassent tout, les chaises, les tables, les arbres. Et puis, ils se calment. L'OPEJ réussit à les réconcilier avec eux-mêmes. Il y a à peine 5 pour 100 d'échecs.

Hélas ! il y a aussi des drames. J'appris qu'une adolescente de seize ans, Sarah, avait été si violemment battue par son père qu'elle avait perdu

1. Direction de l'Action Sanitaire et Sociale.

l'usage d'un œil. Je la rencontrai plusieurs fois, lui expliquai qu'elle pouvait se faire opérer et retrouver une apparence normale. Il me fallut des mois pour la convaincre. Enfin, elle décida de recourir à l'intervention.

Chaque fois que j'allais la voir, je m'exclamais, admirative : « Sarah, comme tu es jolie ! Tous les garçons vont tourner autour de toi. » Mais je savais qu'elle supportait mal sa prothèse et je m'en voulais d'avoir sacrifié son confort à son esthétique. Six mois s'écoulèrent. Sarah un beau matin me téléphone : « Vous aviez raison de me conseiller l'opération. Je suis tout à fait habituée à mon œil maintenant. » J'appris incidemment qu'elle était pour la première fois amoureuse...

Nous étions à la fin de janvier. M. Zysman m'appela, bouleversé : Sarah était morte, écrasée par une voiture en descendant de l'autobus. Sans doute n'avait-elle pas fait attention. Sans doute manquait-elle de réflexe. Longtemps, je fus hantée par l'image de Sarah : qui sait, si je n'avais pas voulu jouer au Bon Dieu, peut-être serait-elle encore en vie...

Au départ, l'OPEJ ne comptait que des maisons d'enfants. En 1977, la maison de Maubuisson reçut un appel au secours des services sociaux du Val-d'Oise : les familles juives, nombreuses dans les villes voisines de Sarcelles et de Garges-Les-Gonesse, considéraient les assistantes sociales comme des intruses et refusaient de les laisser entrer chez elles. C'est ainsi que l'OPEJ ouvrit un nouveau service d' « action éducative en milieu ouvert » : il s'occupe de familles entières, aide à résoudre les problèmes de logement, d'emploi, les démarches administratives, guide les adolescents dans leur recherche d'un métier, essaie de mettre fin à la fatalité qui veut que les jeunes générations reproduisent le schéma de leurs parents.

Troisième volet de l'OPEJ, les clubs de prévention ; ils accueillent, toujours à Sarcelles et à Garges, les jeunes quels qu'ils soient dans le plus strict anonymat. Ils ont de dix à vingt ans, frôlent parfois la délinquance, ils ont tâté de la drogue, de la prostitution.

Ils poussent la porte du F4 au rez-de-chaussée d'un grand immeuble. Juifs pour la plupart, ils amènent leurs copains noirs, arabes ou vietnamiens. Jacqueline Glückstein, la chaleureuse directrice adjointe de l'OPEJ, est là pour les accueillir entourée d'une équipe d'éducateurs. Les plus jeunes goûtent, jouent, les grands écoutent de la musique, font du sport, ou encore — toujours sans avoir à dire leur vrai nom — partent pour des camps d'été.

Parfois, un jeune disparaît. Dure épreuve pour l'éducateur. La prévention n'a-t-elle pas été efficace ? Mais telle est la règle du jeu : ces jeunes en rupture de ban n'entreraient jamais dans ce centre, s'ils savaient que la porte pourrait se refermer derrière eux.

Je ne vais malheureusement pas aussi souvent que je le voudrais à l'OPEJ mais il est en tout cas une fête que ni Edmond ni moi ne manquerions pour rien au monde, celle de Pessah, la pâque juive, à Maubuisson.

« Quiconque a faim vienne et mange », dit en lettres d'or une grande banderole préparée par les enfants. Ils sont si gais, si mignons dans leurs chemises blanches, blanches comme les grandes nappes qui recouvrent les tables. Edmond lisse sa moustache, signe d'émotion. Le directeur, M. Zysman, tient dignement son rôle de pater familias. Sur la table, sont disposées les nourritures rituelles : le pain sans levain, la « matsa », commémore les temps d'esclavage et de misère, la sortie d'Égypte si précipitée que la pâte n'eut pas le temps de lever ; les herbes amères trempées dans l'eau salée rappellent l'exil ; le gâteau d'amandes, de pommes et de cannelle trempée dans du vin rouge, l'argile que pétrissaient les Juifs pour fabriquer les briques du Pharaon ; l'œuf dur cuit dans la cendre, le deuil et l'affliction ; l'agneau rôti, le sacrifice d'Abraham.

Des rires fusent, des chants. Il est onze heures au moins, les plus petits s'endorment parfois sur l'épaule des plus grands. Mais voici venu le moment le plus important : tous partent à la recherche de l' « afikomane », un petit bout de pain azyme caché dans un coin de la maison. Honneur à celui qui saura le dénicher : il a traditionnellement droit à un cadeau. Ici, le vainqueur se fait le porte-parole de tous les enfants, qui ont auparavant tenu conseil pour décider de leur présent : un poste de télévision couleur, un terrain de foot, une chaîne stéréo. M. Zysman, l'air de rien, surveille ses poussins, au cas où ils demanderaient la lune. Mais tout se passe bien et c'est en riant qu'Edmond et moi cédons chaque fois à cette joyeuse négociation.

Le rituel juif, je ne m'y conforme pas mais je le respecte. A Kippour, jour du Grand Pardon où, seul avec Dieu, on dresse le bilan de ses bonnes et mauvaises actions, je vais à la synagogue mais sans pour autant jeûner comme je le devrais toute la journée. Le rituel juif, je le respecte parce que j'ai fait l'effort de le comprendre. C'est pourquoi j'ai voulu que Benjamin, à treize ans, parte une semaine avant nous en Israël préparer sa Bar-mitzva avec le rabbin de la rue Copernic, M. Katçman. Afin que le sabbat ne soit pas pour lui qu'un réseau d'interdits mais prenne sa vraie dimension, bonheur de s'asseoir à table, de se parler, d'être disponibles les uns pour les autres. J'aime dans le judaïsme ce souci constant de l'homme, de ses besoins psychologiques, affectifs, physiologiques.

Devenir juive, je le sais, ne m'a pas fondamentalement changée : je ne suis ni moins bonne ni meilleure qu'avant. Mais si être juive, c'est s'identifier à un peuple, appartenir à une communauté, s'y sentir intégrée, alors je le suis pleinement.

« Réussir sa vocation, c'est connaître la joie de vivre dans l'amour de son métier. » Cette phrase de mon ami Marcel Bleustein-Blanchet m'avait toujours fascinée. J'avais trouvé merveilleuse sa « Fondation de la Vocation », créée en France en 1960 dans le dessein d'aider les jeunes à se réaliser. Par tempérament, j'aime les êtres de passion et pas du tout les petits ronds-de-cuir empêtrés dans leurs conformismes.

Mon histoire personnelle me donnait une raison supplémentaire de prêter main-forte aux talents en herbe.

Quand Marcel me demanda de créer une fondation en Suisse, je n'hésitai pas longtemps : ce pays, protégé derrière ses montagnes des bourrasques de l'Histoire, ne demandait qu'à entrer dans cette ronde des hommes de bonne volonté. Les conseils de Marcel m'aidèrent à lancer l'affaire, le travail de toute une équipe fit le reste : aujourd'hui, la Fondation de la Vocation suisse est un énorme succès.

Cette jeune Fondation a déjà ses traditions. Et ses problèmes ! Il y eut une année, parmi les lauréats, un jeune cinéaste de grand talent. Mais quel caractère ! A plusieurs reprises, je lui avais demandé de m'adresser une copie de son film afin que nous puissions en projeter des extraits au cours de la séance de remise des prix. Il faisait la sourde oreille : pas question pour lui de passer son film autrement qu'en entier, une œuvre d'art ne se débite pas en rondelles.

Le jour J, je fais pour la dixième fois la même requête à mon bonhomme, toujours aussi tête de pioche. Je m'énerve. Qu'a-t-il à jouer les vedettes ? Le talent n'a pas tous les droits. « Ou vous acceptez la règle, lui ai-je dit, ou vous sortez du jeu. » Et je lui ai fait retirer son prix.

La presse, bien sûr, a crié au scandale, émue par ce pauvre garçon à qui l'on ôtait les moyens de subsister. Un journal a même proposé de lancer une souscription en sa faveur. Un autre a glissé : « On voit bien que la Baronne n'a jamais eu de problèmes d'argent... »

Lorsqu'un journaliste a eu le toupet de m'appeler pour me dire d'un ton perfide : « Mais que savez-vous de ce métier ? C'est bizarre, je n'ai pas trouvé votre nom dans l'annuaire du cinéma », j'ai rugi intérieurement, et lui ai répondu très calme : « Cher monsieur, vous avez raison. Je n'ai pas eu la chance de rencontrer une Baronne de Rothschild pour me donner une bourse. Car, autrement, croyez-moi, j'y serais dans votre annuaire. »

Rassurez-vous, bonnes âmes, j'ai adressé au bouillant cinéaste un chèque équivalant à la bourse dont je l'avais privé. Mais, par sa faute, il restera retranché de ce « Club des Lauréats de la Vocation » qui constitue pour tous, leur vie durant, un réseau précieux de relations.

Je n'aurais pas autant parlé de mes « bonnes œuvres » si je n'avais l'intime conviction que la WIZO, l'OPEJ, la Fondation de la Vocation sont justement des œuvres bonnes et utiles. Et tant pis si certains se posent la question que me lança à l'antenne un journaliste d'Europe 1, à l'occasion d'une collecte de fonds pour la leucémie : « Dites-moi, madame, pourquoi est-ce que ce sont toujours les femmes du monde qui organisent les galas de bienfaisance ? » « Après tout, c'est vrai, lui ai-je répondu, pourquoi ne passerais-je pas le flambeau à l'épouse de ce bon M. Marchais ? »

En moi, la scène est si présente qu'elle aurait pu se dérouler hier. J'étais, avec Geneviève Page, dans son salon de l'avenue Foch qu'elle persistait à appeler avenue du Bois. Plein hiver : par la porte-fenêtre donnant sur le jardin, blottie dans une vaste bergère, je regardais tomber la neige.

J'étais mariée depuis deux ans. Geneviève, assise selon son habitude en tailleur sur la moquette, m'a demandé : « Dis-moi, Nadine, est-ce que le théâtre ne te manque pas ? »

Je regardais tomber la neige. Les Capucines, l'Olympia, le cinéma, le monde du spectacle, c'était si loin tout cela ! J'avais en Geneviève une alliée, une vraie professionnelle avec qui discuter des ficelles de ce métier que j'avais tellement aimé, et je n'en profitais jamais. Lorsque, à Mandegris où nous passions le week-end, Geneviève nous rejoignait après le spectacle, elle me semblait débarquer d'une autre planète.

Non, mon métier ne me manquait pas. Question de tempérament : au passé drapé dans ses guenilles nostalgiques, j'ai toujours préféré l'avenir enturbanné de promesses. J'ai regardé Geneviève en riant, puis me replongeant dans la contemplation des flocons, j'ai laissé flotter en confidence : « Tu sais, je crois que ma vraie vocation c'est de rendre un homme heureux... »

Vivre avec un Rothschild n'est pas de tout repos : un vrai métier, une occupation à plein temps. Mais quel spectacle... surtout lorsqu'il s'agit d'Edmond !

Autant le dire tout de suite : les Rothschild sont des êtres à part. Grâce à leur éducation, leur façon de penser, d'agir plus encore que grâce à leur fortune. Prenons la baronne Myriam, la tante d'Edmond. Dans sa propriété de Zurich, tous les matins, elle appelait le pilote de son avion privé pour lui demander de se préparer. Dans la matinée, il la rappelait : « Madame la Baronne, le temps est au beau, nous pouvons décoller. » Mais la baronne n'était pas prête : « Nous verrons cela dans une heure », disait-elle. Ce petit jeu a duré vingt ans. Jamais, l'avion n'a décollé.

Le baron Maurice, son frère, était lui aussi un tyran. Lui aussi, un séducteur. Simple et chaleureux d'ordinaire, il pouvait devenir dur et cassant. D'une intelligence extrême, il s'exprimait dans une langue admirable. Je n'ai pas connu mon beau-père, mais on m'en a tant parlé que parfois je crois le voir marcher devant moi dans les allées de Pregny. Haute stature drapée dans une houppelande, la canne à la main et sur la tête, l'hiver, un large feutre, l'été, un panama, toujours escorté de Harry Shepard, son très britannique valet de chambre, long comme un jour sans pain, de Victor, son factotum, ancien charretier à Armainvilliers, d'André, le maître d'hôtel en second, sans oublier le chauffeur, indispensable complément de cet escadron.

Le baron Maurice adorait la marche, mais détestait marcher seul. Alors, tout le monde suivait. Le ministre Georges Mandel, convié un jour de pluie à une promenade dans le parc de Pregny, en revint trempé jusqu'aux os. Il était aussi risqué d'accompagner le baron dans sa voiture, une Cadillac dont la banquette arrière ressemblait à une chambre à coucher et où l'on ne pouvait entrer qu'à genoux.

Shepard ne quittait pas son maître d'une semelle. « Shepard », criait le baron, et Shepard, campé derrière la porte, accourait. Lorsque le baron choisissait de faire sa sieste sur la terrasse, étendu sur une sorte de canapé à roulettes, protégé de la brise par un vaste paravent, Shepard était toujours de l'autre côté vissé sur un fauteuil pendant des heures au risque d'une sévère insolation. Il surveillait la stabilité de l'installation !

Ce que Rothschild veut... Le baron Maurice, dans sa chambre à Armainvilliers, avait besoin d'air mais ne supportait pas la lumière : les persiennes étant donc fermées, il fit surélever au-dessus de son lit le plafond — et donc la toiture — d'un bon mètre ! Ne faisant confiance qu'à ses propres produits, il poussait l'exigence, lorsqu'il se trouvait à Pregny, jusqu'à faire venir sa viande d'Armainvilliers.

Avec de tels antécédents, il y avait peu de chances qu'Edmond me laissât la bride sur le cou en matière d'intendance. S'il accepte de manger des viandes qui ne proviennent pas de son cheptel, il fallut tout de même à Genève, avant de trouver la baguette qui lui convînt, écumer toutes les boulangeries de la région. Pour les fruits, pas question de déroger à la tradition : seuls sont admis à notre table ceux qui ont vu le jour dans les serres de Pregny.

Des fruits ? Plutôt des œuvres d'art ! Dans ce jardin d'Éden, les arbres sont bichonnés avec tant d'amour qu'ils atteignent des âges canoniques — quarante ans pour un pêcher, cent ans parfois pour un cep de vigne. Les grappes blanches ou rouges peuvent peser deux kilos, les figues ont la taille d'une poire et les pêches, celle d'un pamplemousse. A travers l'ovale des prunes blanches, on voit le soleil en transparence. Pour les pommes, des variétés rares comme la cox orange et surtout la merveilleuse calville, en voie de disparition. Cultivés en plein air, des groseilles, des cassis, des framboises. Tous fruits admirables qu'Edmond se fait envoyer par cageots où qu'il se trouve.

Que voulez-vous, les fruits sont sa passion (c'était déjà celle de son père) : il en grignote de jour comme de nuit. Et s'il n'y avait que les fruits !

Mais de même que le baron Maurice lorsqu'il partait pour Monte-Carlo, à l'Hôtel de Paris, emportait de Pregny son matelas, ses oreillers, son eau et son chef cuisinier, Edmond aime changer de cadre mais supporte mal de voir ses habitudes bouleversées. Dans notre chalet d'Autriche il a fallu dix fois refaire les matelas, trop durs, trop mous, la laine n'était jamais cardée à point. Rien n'échappe à ce diable d'homme. A la maison, on connaît le maître de céans et chacun s'évertue à le satisfaire. Mais dans les hôtels ! Aucun palace au monde ne satisfait ma moitié : il est bien obligé d'y descendre, ne pouvant avoir une maison dans chaque port, mais à la moindre contrariété il s'échappe pour ne plus y revenir.

A Pregny, il est courant de dresser la table à deux ou trois endroits différents, car nul ne peut prévoir où Edmond décidera de planter sa tente : l'hiver, ce peut être la petite salle à manger du premier étage d'où l'on voit le lac, ou celle, plus spacieuse, d'en bas. L'été, préférera-t-il l'ombre intérieure, déjeunera-t-il sur la terrasse ou au bord de la piscine ?

Une certaine idée de la liberté, ancrée dans le faste et le luxe : pour moi, c'est peut-être la marque spécifique des Rothschild. Pas un d'entre eux chez qui je ne l'ai retrouvée. Autre trait caractéristique : un égocentrisme impérial (compatible avec leur générosité proverbiale) qui, bizarrement, loin de les isoler, leur confère une grande autorité, une espèce d'emprise sur les êtres que fascine leur nature « différente ».

Chez nous, on déplace constamment les meubles, les objets, simplement parce que dans la nuit « Il » a eu l'illumination. A l'aube, la maison est en effervescence. Puis il dit : « Non, ça ne va pas. » Et on change une nouvelle fois. La valse est permanente entre les pièces de chaque maison, et entre les maisons.

Le système n'est pas purement rotatif mais à éclipses. « Il » a des coups de foudre, des rejets, des retours en faveur. Et, pas question de modifier l'attitude de mon seigneur et maître.

Lorsque j'ai aménagé en Autriche le chalet d'Ischgl, j'avais, je l'ai dit, peaufiné le moindre détail. Edmond est arrivé pour le week-end. Il a examiné chaque pièce, vérifié chaque gravure jusqu'à l'état des clous. Puis, dans la salle de bains, il a déclaré : « Ce ne sont pas mes brosses à dents », l'air excédé...

Ces petites phrases ont depuis longtemps cessé de faire mouche. Edmond, sous des airs bourrus, est resté un incroyable sentimental. Mais il a besoin de piquer les attentions et la tendresse, dont il ne cesse de m'entourer, de multiples épines, inévitables comme celles des roses. Je ne les sens même plus.

Parfois, bien sûr, il m'arrive de le traiter d'incorrigible enfant gâté, d'exploser, de lui dire : « Là, Edmond, tu dépasses les limites », et il éclate de rire. Mais je ne le fais pas systématiquement car j'ai vite compris qu'il ne servait à rien de forcer ce genre de personnalité.

Ses exigences ne sont pas des caprices mais le reflet de sa nature profonde. C'est un autocrate, un vrai, terriblement exigeant et perfectionniste surtout vis-à-vis de lui-même, ce qui le rend, en fin de compte, sympathique à ceux qui le connaissent.

Une femme sans patience et sans fantaisie eût été vouée à l'échec. Avec Edmond, je suis au théâtre tous les soirs !

Le premier rôle d'une femme, me semble-t-il, est de plaire à son mari et de l'écouter. Je suis logée, nourrie, blanchie, et je lui en sais gré. Toujours le modèle de la geisha ? Et pourquoi pas... Elle n'est pas, comme on le croit trop souvent, une ravissante idiote, mais une femme agréable, cultivée, enjouée, chargée de faire oublier aux hommes les soucis de la journée.

S'obliger à avoir une activité professionnelle, quitter chaque matin le foyer, croyez-vous que ce soit forcément passionnant ? Croyez-vous que soient fructueux les échanges entre époux quand, le soir tombé, le couple devient, chacun muré dans ses problèmes, l'addition de deux solitudes ? Hélas ! Certaines femmes acceptent n'importe quel métier pour ne pas avoir à avouer qu'elles s'occupent de leur maison et de leurs enfants ! Je ne crains pas de dire que j'y consacre ma vie et je n'ai pas l'impression d'avoir perdu mon identité.

Être la femme d'un homme en vue n'est pas une sinécure. Il faut un solide caractère et une santé de fer. Souffreteuses, migraineuses, bronchiteuses, s'abstenir. Épousez plutôt un fonctionnaire frileux qui poussera le chauffage même les jours d'été.

C'est qu'ils sont tous pareils, les hommes parvenus au sommet, tous calqués sur le même modèle, tous atteints du même virus, l'incapacité absolue de tenir en place. C'est logique : ils ont tout dans la vie, et ce tout, ils veulent s'en servir. Sans limites. Comme disait Cocteau : « Le plaisir ne se trouve pas dans certaines choses mais dans la façon de les prendre toutes. »

Il faut être prête à voyager sur l'heure, déjeuner à Rome, dîner à Genève, coucher à Londres, embarquer le lendemain matin pour New York où une soirée de gala vous attend. Il faut supporter le froid polaire ou les grandes chaleurs, voyager en voiture décapotable quand vous sortez de chez le coiffeur, filer à 250 km/h sur la route même si vous mourez de peur. Pas question de flemmarder au lit quand le mari a décidé de partir dès la petite aube à la chasse. Savoir boire est important sans devenir alcoolique pour autant (si un homme a envie de boire, il déteste boire seul). Savoir manger aussi : pour un gourmet tel qu'Edmond, une femme au régime serait une provocation.

L'équation est simple : il aime, donc vous aimez, dormir la fenêtre grande ouverte quand la neige entre par gros flocons et se dépose en édredon sur notre lit. Marcher pendant des heures. Partir en croisière au risque de ne pas fermer l'œil de la nuit tandis que les équipiers dans un bruit d'enfer augmentent ou réduisent la voilure. Grâce à Dieu, je détestais les atmosphères confinées, je me découvris vite un mollet rude aux kilomètres et une passion pour la mer ainsi que, par mauvais temps, un cœur spécialement bien accroché. En revanche, le ski où Edmond excellait depuis l'enfance fut pour moi un échec total. Après cent trente leçons particulières je réussis par miracle à descendre une pente dans un gracieux chasse-neige, dos raide et derrière en l'air. Je savourais mon triomphe quand une ultime bosse m'envoya valser skis par-dessus tête. Ma cheville cassée me décida à faire définitivement une croix sur ce sport trop périlleux.

Je me plie à ses exigences et je ne peste pas. C'est comme ça. Le théâtre — qui était toute ma vie —, j'ai dû y aller dix fois en vingt ans. Les seules pièces qu'Edmond a vues — uniquement de boulevard — je les avais auparavant toutes passées au crible. Merci à vous, Jacqueline Maillan, Françoise Dorin, Sophie Desmarets, Jean Poiret, Michel Serrault, qui avez réussi l'exploit de faire sortir mon loup de sa tanière.

Je me souviens de ne l'avoir entraîné au concert qu'une seule fois : encore était-ce à une soirée de gala que j'avais organisée au bénéfice des enfants du Tiers-Monde. Il ne pouvait décemment y échapper !

Comment notre couple a-t-il tenu dans ce milieu qui est le nôtre où nombre de mariages sombrent rapidement ? Edmond est formel : grâce à moi. Il ne m'a pas toujours mené la vie facile. Il me fallait tenir le devant de la scène quand il le désirait, savoir m'effacer au moment qui convenait.

Il sait que je suis là. Chaque jour, s'il est loin de moi, il ne manque pas de me téléphoner, plutôt trois fois qu'une. Mais par discrétion, jamais je ne l'appelle. Jamais, je ne me permets de lui poser des questions. Et je pense qu'il m'est reconnaissant de ne pas forcer ses chemins secrets.

Je ne pratique pas, ce faisant, la politique de l'autruche. Au contraire, je pense souvent à cette phrase de M. de Beaumarchais : « La chaîne du mariage est tellement lourde qu'il faut être deux pour la porter, sinon trois. » Si un homme vous affirme : « Je n'ai jamais trompé ma femme », soit il ment, soit il n'est pas normal.

Une seule chose compte : qu'ils aient toujours envie de rentrer à la maison. Pour le reste... Quand les interdits n'existent pas, tout perd vite de son charme.

Je ne me suis pas forgé cette philosophie au fil des ans : j'ai toujours pensé ainsi. Simple discipline sur moi-même pour accepter la réalité telle qu'elle est. Passer successivement du stade d'amante à celui d'épouse, de mère, puis de confidente, me semble une assez belle ambition.

Épouse soumise, maîtresse de maison accomplie, collaboratrice de choix pour mari surchargé : tout cela, je le suis. Il n'y a pas de quoi se vanter, ni se lamenter. Je suis taillée comme ça, on ne me changera pas.

Je marche droit, bon petit soldat. Et puis, tout à coup, d'un bond, me voilà qui prends un chemin de traverse, avale un grand bol d'air, m'envole vers un petit nuage, m'y installe. Oubliées les responsabilités. Je fuis, rien ne me retiendra. Avoir une vie de rêve est une chose, rêver sa vie en est une autre. Partir à la rencontre des autres et peut-être de soi-même. Explorer, jusque dans ses recoins, le domaine qui m'est à jamais réservé.

Mon domaine réservé, c'est d'abord ma famille, ma mère si discrète qu'elle ne se mêle jamais de ma vie, mais qui est toujours là dès que j'ai besoin d'elle. Ensemble, nous partons faire des cures, instants privilégiés où l'intimité renaît, où j'apprends par le menu les faits et gestes de ma famille de Saint-Quentin qu'elle n'a jamais perdue de vue.

Mais les moments que je préfère sont les retrouvailles, trop rares, de la mère et de ses deux filles. La complicité est intacte, même si les années ont passé. Nadeige, ma sœur, est toujours aussi différente de moi : grande, mince et blonde, très ferme sur ses convictions, elle goûte aux charmes d'une vie paisible auprès de son mari, une vie qu'elle ne troquerait pour rien au monde contre la mienne et son train d'enfer. Pourtant, que de fous rires à deux et d'affectueux bavardages, ponctués de mes récits de voyages et de ses recettes de confitures !

A Pregny, elle me dit : « Comment peux-tu vivre dans toutes ces vieilleries ? » Mais elle adore Quiberon, Megève et l'Autriche, recevant à ma grande joie cousins et cousines dans ces maisons trop souvent délaissées. Cédric, son fils de quatorze ans, est tout mon portrait, j'essaie de lui offrir les mêmes possibilités d'éducation qu'à Benjamin.

L'amour est exigeant, mais aussi l'amitié : encore une plante vivace qui a besoin, pour prospérer, d'un bon terreau, de beaucoup de soleil et de soins attentifs à longueur d'année.

L'idée que l'on peut me fréquenter à cause de mon argent ne me gêne guère. Il y a les gens que j'aime, ceux que je n'aime pas. Et pour ceux que j'aime, je remuerai ciel et terre.

Il n'y a que leurs peines de cœur que je ne peux guérir. Je me contente alors d'écouter, d'écouter, d'écouter le récit mille fois répété des amants éplorés. A bout d'arguments je leur récite, avec deux doigts de porto, deux vers de Lamartine :

« *On voudrait revenir à la page où l'on aime,*
Mais la page où l'on meurt est déjà sous nos doigts. »

Rappeler que la vie est brève écourte quelquefois les chagrins.

Autre remède efficace même dans les situations les plus désespérées : mon optimisme presque biologique, dont l'effet s'étend par contagion à mon entourage. Shermine de Gramont était accablée de tristesse après la mort de son mari. Pour lui changer les idées, je l'invite à m'accompagner en Autriche : « Et surtout pas en noir ! lui dis-je, Charles détestait cette couleur. » A notre arrivée à Ischgl, je lui présente M. Aloïs, le maire du village. Pendant qu'ils parlaient tous deux, Mme Aloïs s'approche de moi, me pose des questions sur Shermine. Je m'apprête à lui raconter son récent drame quand mon regard tombe sur l'anorak de Shermine : rouge vif ! Comment expliquer que mon amie est en grand deuil ? Je suis soudain prise d'un immense fou rire, face à mes trois amis interloqués.

Je vais à Quiberon en novembre et en avril. Parfois avec une amie, souvent seule. J'aime ma maison de pêcheur, toute blanche, aux volets verts, avec ses vieilles poutres, ses tissus fleuris, son salon qui monte jusqu'au toit et ses deux petites chambres. Une vraie maison de poupée. Là, je brode, je lis, j'écris, j'écoute la radio. Pas de télévision ici ! Lorsque la mer est en colère, elle frappe à mes fenêtres. J'ai l'impression d'être en bateau. On entend au loin la corne de brume. Me veillant de son ombre, un très vieux château au profil crénelé, surgi de quelque conte gothique. Pas de proches voisins à cette période de l'année. Dès que la tempête se calme, je marche sur la grève pendant des heures en bottes et caban, mains dans les poches, cheveux au vent.

Le matin, je pars à bicyclette faire ma cure à l'Institut de thalassothérapie, royaume ô combien précieux de Marie-José Bobet. Boue sur le visage, massages à l'eau de mer, et me voilà remise à neuf. Au retour, les courses. Je discute avec les commerçants, réapprends le prix de la baguette, de l'artichaut et de la beurrée ! Les gens connaissent bien ma tête mais ignorent mon nom, c'est reposant.

A la maison, je me débrouille toute seule, en trois minutes, je passe le balai, range la vaisselle. Le soir venu, je troque mon pantalon contre une robe d'hôtesse même si je ne reçois que moi, m'installe devant la grande cheminée avec un plateau de fruits de mer. J'écoute de la musique classique, du jazz et Julio Iglesias — je l'adore. Je me couche très tôt ; le matin à six heures, je suis déjà debout.

Je peux ainsi passer une semaine entière sans voir âme qui vive. Cela ne me pèse pas, au contraire. Je deviens une autre. Je me sens célibataire. Peut-être d'ailleurs est-ce là ma nature profonde... Dans l'hyperactive que je suis, je découvre des trésors de paresse. Je rentre en moi-même sans nul besoin de m'extérioriser. Ce qui compte, c'est d'être en accord avec moi-même.

A QUOI bon cultiver toutes nos traditions familiales, la philanthropie, la passion des affaires, l'amour des beaux objets, un art de vivre et de recevoir qui honore ses invités, si ce n'est pour les transmettre un jour à la nouvelle génération des Rothschild, ceux qui sont au seuil de l'âge adulte comme Benjamin, notre fils.

Benjamin... J'ai longtemps hésité à parler de lui dans ce livre. Pudeur secrète, désir peut-être de mettre ce que nous avons de plus précieux à l'abri des regards indiscrets. Mais comment évoquer l'avenir sans le mettre en scène, puisque tout tourne autour de lui ?

Edmond a voulu très tôt faire de Benjamin un petit homme : ses vœux furent comblés au-delà de ses espérances. On vit rarement enfant plus indépendant, plus épris de liberté. A trois ans, il accompagnait son père à la chasse au sanglier, recherchait avec lui les bêtes blessées ! A quatre ans, il montait à cheval. A six, plongeait de la première barre de flèche du *Gitana.* A sept, faisait de la pêche sous-marine et à huit, recevait de son oncle Alain son premier fusil — un fusil d'enfant qui se transmet de génération en génération, aujourd'hui confié à Raphaël, petit-fils d'Élie.

Lorsque Benjamin eut douze ans, nous remplaçâmes sa nurse Baba par deux étudiants d'une vingtaine d'années, Jacques, un Français, et Matthew, un Américain. Ils habitaient avec nous, nous suivaient partout, faisaient du sport avec Benjamin, l'accompagnaient à la synagogue pour ses cours d'éducation religieuse. Ils avaient surtout pour mission de pousser ce jeune frère d'adoption à travailler. Rude tâche. Parfois, j'entendais à l'étage supérieur des hurlements : Benjamin ne voulait pas apprendre ses leçons. Invariablement, les trois compères dévalaient l'escalier pour réclamer mon arbitrage.

Notre fils était volontaire, impulsif, parfois violent : un vrai Rothschild. Follement attachant, avec un bel amour de la vie et un cœur gros comme une maison. Nous avons essayé de ne pas en faire un enfant trop gâté.

Nous n'avons jamais toléré non plus qu'il fût grossier, arrogant, négligé. Ah, ces luttes homériques menées par Edmond contre les jeans, les tee-shirts, les bottes de cow-boy, le langage peu châtié et les mauvaises manières à table !

Nous avons toujours cherché à lui communiquer ce sens de l'effort et ce goût du travail qui nous ont permis, à Edmond et à moi, chacun dans notre registre, de progresser. Et s'il lui prend parfois l'envie de lever le nez un peu trop haut, je ne manque jamais de lui rappeler qu'à quatorze ans je travaillais et qu'il aurait pu ne pas naître dans un milieu privilégié.

Depuis 1973, nous assistons à l'écroulement d'un monde : l'augmentation des prix du pétrole a mis un point final à des années d'insouciance, de folle prospérité. Une page est définitivement tournée.

Peu avant, de retour d'une conférence internationale en Suède, Edmond m'avait parlé avec quelque irritation d'un certain Walter Levy, un expert pétrolier, qui avait joué les oiseaux de mauvais augure sur le thème — pour moi tout à fait obscur — du recyclage des pétrodollars. Edmond, lui, faisait pleinement confiance à l'économie occidentale.

Il avait tort. Bien plus tard, après que la crise eut ébranlé ses certitudes, il m'expliqua le processus infernal qui déréglait l'économie mondiale. Les pays producteurs de pétrole se révélaient, comme l'avait craint Walter Levy, incapables d'absorber les prodigieux revenus tirés de l'or noir : même s'ils développaient leur armement, leurs industries, et achetaient davantage de biens de consommation, la majeure partie de leurs revenus allait s'entasser dans les grandes banques du monde occidental.

Pétrodollars : le terme était clair, mais leur recyclage ? Edmond m'expliqua encore — et pour la énième fois ! — qu'on ne pouvait laisser dormir cette masse d'argent sur laquelle les pays producteurs demandaient des intérêts plus élevés que les intérêts habituels ; on avait donc placé ces pétrodollars dans les pays du Tiers-Monde qui en avaient besoin, notamment en Amérique latine. La dette de ces pays est devenue aujourd'hui si lourde qu'ils se trouvent au bord de la banqueroute.

A défaut de savoir recycler les pétrodollars, il fallait que nous nous recyclions. La crise et l'inflation rendaient les affaires plus difficiles. Edmond travaillait dur, sortait moins, les mondanités, les réceptions l'ennuyaient. La dernière grande fête fut celle de ses cinquante ans mais déjà elle n'avait plus le faste ni la gaieté des précédentes. A la fin de 1979, presque du jour au lendemain, Edmond prit le parti de fermer le château d'Armainvilliers.

Ce fut un déchirement car il adorait ce domaine où il avait accumulé des souvenirs pendant ses trente plus belles années. Mais sa décision était irrévocable : cet être entier ne supporte pas que quelque chose soit moins bien que ce qui a été. Il déteste compter, est incapable de se restreindre. Pas question pour lui de commencer à se dire que la suppression de telle plate-bande économiserait tant d'heures de jardinier, qu'il coûterait moins cher d'avoir une cuisinière qu'un chef. Ou bien il a les moyens d'entretenir une maison, ou bien il ne les a pas.

La fermeture d'Armainvilliers supprimait son

premier point d'ancrage dans la région parisienne. Benjamin était au collège Florimont à Genève. Cette grande maison de Pregny que nous avions au départ conçue comme un cadre de rêve pour les plus folles de nos fêtes devint notre résidence principale. A Paris où mon mari continue à diriger ses affaires, la Fondation ophtalmologique et l'Institut de biologie, je ne fais plus que passer, pour revoir mes maisons de l'OPEJ et mes amis.

Après les années folles, le temps de la sérénité. Mais pas des inaugurations de chrysanthèmes ! Nous sommes, Edmond et moi, des bâtisseurs, non des conservateurs... Même Armainvilliers qui nous tenait tant au cœur, nous n'y pensons presque plus.

Il importe avant tout d'aller de l'avant, si possible dans le respect de certaines traditions. C'est ce qu'a fait Edmond pour le bateau en essayant de relancer une certaine forme de navigation sur monocoque et bateau de jauge ; c'est ce qu'il a fait pour le vin à Château-Clarke ; c'est dans la même optique — la transmission d'un certain raffinement dans notre société du prêt-à-consommer — que je me lançai en 1979 dans la création de parfums d'ambiance : senteurs boisées ou fleuries, sélectionnées par mes soins, que j'enfermai dans des bougies, des vaporiseurs, des sachets parfumés, des pots-pourris de fleurs séchées.

Je repars aujourd'hui sur deux nouveaux projets, une ligne de bijoux et, dans la foulée de Château-Clarke, une cuvée spéciale de liqueurs pour dames. Tout ce qui est création me passionne et j'y investirai ma fortune, si Adèle Métrailler, le bon génie qui gère mes comptes, ne refrénait mes élans, pour m'éviter des fins de mois difficiles (tout le monde peut en avoir !).

Mais Benjamin reste ma seule vraie ambition. Il a atteint aujourd'hui l'âge d'homme. Il poursuit des études d'informatique et de communication dans une université californienne. Parfaitement heureux, bien dans sa peau, il adore le sport, a beaucoup d'amis. Il tente pour son plaisir une carrière dans le cinéma et la télévision : au contraire de sa mère, il est producteur, de l'autre côté de la caméra.

J'aurais souhaité agrandir notre famille ; j'ai cru à trois reprises réaliser cet espoir ; à trois reprises, j'ai eu l'immense tristesse de perdre le bébé que j'attendais.

Mais je crois avoir réussi l'essentiel. Edmond et Benjamin ont l'un pour l'autre une affection, une tendresse infinie. Mon bonheur le plus profond est de les voir marcher côte à côte, le fils plus grand que le père, liés par une complicité si fraternelle que je me demande parfois lequel des deux protège l'autre.

« Tu ne feras pas vingt-quatre heures dans la famille », m'avait prédit une amie au moment de mon mariage. Voilà vingt-quatre ans que je partage la vie d'Edmond.

Vingt-quatre années dont j'ai savouré chaque instant. Vingt-quatre années pendant lesquelles j'ai travaillé autant que bien des présidents de société, avec l'enthousiasme que donne la foi dans ce que l'on accomplit.

Je profite pleinement des chances inouïes que m'a données la vie. Mais il y a une chose que je n'ai jamais perdue de vue : je ne me considère pas comme une femme riche, je suis la femme d'un homme riche. Nuance. Et radical antidote à la prétention et à la vanité. Rien ne me semble dû.

Rien non plus ne me semble acquis : j'ai déjà dit

combien le mariage était pour moi une construction de tous les jours, pas une assurance-vie. Il faut envelopper de soie ce à quoi l'on tient, si l'on ne veut risquer de retrouver un jour ses beaux trésors cassés.

Si rien n'est acquis, tout peut arriver. J'ai vécu mille vies, j'en ai deux mille autres en projet. Remonter sur les planches, qui sait ? A Genève, on vient justement de me proposer à l'occasion d'un gala au profit de l'ONU de tenir le rôle de Julien dans *Les Femmes savantes* : quatre lignes, pas une de plus, à déclamer, déguisée en valet de ferme, n'est-ce pas un bon début pour une seconde carrière ? A moins que je ne devienne, puisque tous les Juifs en sont citoyens de droit, présidente de l'État d'Israël (on peut toujours divaguer...). Rien d'impossible à celle qui a franchi le pont de Puteaux, à celle qui a fait le voyage de la rue Agathe jusqu'à la rue de l'Élysée.

Comme auraient pu le fredonner mes augustes voisins d'en face :

« *Elle a tout ce qui lui faut*
Et même le superflu,
De l'autre côté de la rue. »

Mais... si je rêvais d'avoir plus que le superflu ?

Je sais depuis longtemps que les contes de fées existent ailleurs que dans les livres.

L'impression de ce livre
a été réalisée sur les presses
des Imprimeries Aubin
à Poitiers/Ligugé

pour les Éditions J.-C. Lattès

Achevé d'imprimer en avril 1984
N° d'édition, 84075 — N° d'impression, L 16597
Dépôt légal, avril 1984

Imprimé en France